ESSAIS HISTORIQUES

SUR

LA VILLE D'AMBOISE.

VUE D'AMBOISE

ESSAIS HISTORIQUES

sur

LA VILLE D'AMBOISE

ET SON CHATEAU,

Par M. El. Cartier,

Correspondant du Ministère de l'Instruction publique pour les travaux historiques, des Antiquaires de France, de Normandie et de la Morinie, Membre associé de la Société numismatique de Londres; des Sociétés archéologiques et littéraires de Tours, Blois et Amiens; Directeur de la Revue numismatique; l'un des membres fondateurs de la Société des Antiquaires de l'Ouest.

POITIERS,
IMPRIMERIE DE SAURIN FRÈRES.

1842.

PRÉCIS HISTORIQUE

SUR

AMBOISE, SON CHATEAU ET SES SEIGNEURS.

La ville et le château d'Amboise offrent peu d'intérêt aux artistes et aux archéologues; on ne trouve de remarquable au château que la chapelle royale et les deux grosses tours, constructions de Charles VIII; au dehors, le camp et les caves de César; dans la ville, l'église St-Denis et le monument de sculpture de St-Florentin; dans les environs, la Pagode. Mais il se rattache à ce pays des souvenirs historiques méritant d'être recueillis par ceux qui aiment nos chroniques provinciales. Peu de localités, d'une aussi médiocre importance actuelle, auraient des annales plus dignes d'être écrites : nous allons essayer d'en tracer un précis propre à servir de canevas à une histoire complète.

Les premiers siècles d'Amboise, comme de toutes nos villes, sont enveloppés de nuages qu'il est impossible d'éclaircir. Suivant la tradition, 300 ans avant J.-C., les druides du pays chartrain auraient formé un établissement et placé un *vergobret*, chef religieux et politique, sur les hauteurs d'Amboise, sur le rocher qui finit au confluent de la petite rivière de l'Amasse, *Amatissa*, dans la Loire; aucun monument celtique ne reste dans le pays pour appuyer cette hypothèse. La chronique amboisienne, rédigée vers le milieu du xiie siècle par le moine Jean de Marmoutier, dit que César, après le siége de Bourges (51 av. J.-C.), vint camper au dessus d'Amboise, et bâtir, vers l'extrémité occidentale, un palais et une *pile* surmontée de l'idole colossale de Mars. Ce dernier fait semble confirmé par Sulpice-Sévère, suivant lequel St Martin, dont il fut le disciple, convertissant les Amboisiens au christianisme (vers 395), aurait, par ses prières, soulevé un orage épouvantable qui renversa l'idole et le massif qui la portait.

Près du château, il existe, en effet, l'emplacement du camp attribué à César. Il est terminé, du côté de la campagne, par un immense fossé dont les terres ont formé un retranchement encore très-visible. Près de là, dans l'intérieur du camp, est une *motte* ou tombelle d'une grande élévation. Cependant aucune construction apparente ne témoigne, là ou dans les environs, du séjour des Romains, si ce n'est peut-être quelques morceaux de briques ou tuiles à rebords assez grossières. On ne trouve sur ce plateau aucune médaille romaine, mais beaucoup de celtiques muettes et de gauloises de peuples et de chefs ; nous en avons recueilli plusieurs des *Turonos* et d'autres pays, d'*Ateula*, *Epad*, *Tocirix*, *Toutobocio*, etc.; il y en a de très-rares et d'inédites. La nature et la réunion de ces monnaies donnent à penser que ce lieu, bien défendu par sa position, fut un campement momentané pour les Romains venant de piller les provinces celtiques, ou le dernier refuge des Gaulois dans une de leurs révoltes, notamment sous Tibère, l'an 24 de J.-C.

On attribue encore à César d'immenses caves à quatre étages, creusées sous le camp à peu de distance des fossés; elles étaient disposées de manière à en faire des magasins à blé; une d'elles renferme quatre *silos* ou réservoirs en briques placés dans l'épaisseur du roc, dont ils sont isolés par un vide de 0 mèt. 22 cent., rempli de sablon très-fin pour prévenir l'humidité. En examinant avec attention cet ouvrage, on est conduit à croire, malgré l'importance et la difficulté de l'entreprise, que cela ne remonte pas aux Romains. Aucun ancien écrivain, aucune chronique ou charte du moyen-âge ne font mention de ce monument, qui semble être resté longtemps inconnu : il appartient peut-être à nos rois de la première race. Les Minimes, qui en étaient propriétaires, ont démoli, dans les deuxième et troisième caves, les voûtes qui étaient en maçonnerie.

Vers 285, les Bagaudes, multitude révoltée contre les Romains et venus de loin sous la conduite d'Amand et d'Ælien, envahirent la Touraine et détruisirent le château d'Amboise, ne laissant debout que l'idole de Mars. Une partie s'était fixée dans le pays, et notamment à Tours. Constantin le Grand, vers 310, en conduisit une troupe en Italie, et pour favoriser ceux qui restaient à Tours, il en fit reconstruire les murs avec les pierres du château d'Amboise, transportées par la Loire : *Turonensibus jussit ut omnes lapides Ambasii œdificii ad muros reficiendos per Ligerim deferrent.* Nous allons bientôt voir notre château rebâti par un Romain.

Nous le répétons, il y a beaucoup d'incertitude dans ces dates et dans ces faits ; cette obscurité dure jusqu'à la fin du IXe siècle. Cependant nous allons commencer la suite des seigneurs d'Amboise, d'après notre chronique, appuyée autant que nous le pourrons sur l'histoire générale.

ANICIEN, vers 376, fut envoyé par l'empereur Gratien en qualité de comte de Tours, et on lui donna en toute propriété le pays d'Amboise. Anicien fit rebâtir le château détruit par les Bagaudes, ou du moins il se fit construire un palais à la pointe du rocher, du côté de la ville. Il avait conservé l'idole de Mars qu'on apercevait de tous les environs, et qui fut renversée par St Martin, comme nous l'avons dit. Ce saint évêque avait établi sur le coteau de St-Denis un prêtre nommé Marcel avec plusieurs clercs pour propager la foi de J.-C. dans le pays. C'est là qu'on doit voir la première chapelle bâtie à Amboise : dès 475 c'était une église à laquelle St Perpet, évêque de Tours, légua une croix et des reliques, conservées à St-Denis jusqu'à la révolution.

PLACIDE, fille d'Anicien, hérita d'Amboise. Nous ne savons rien d'elle, sinon qu'elle n'eut qu'une fille nommée Fauste, mariée à Billejus.

BILLEJUS passe pour le fondateur de Bléré, qu'il avait affecté au douaire de sa femme. Ils n'eurent qu'une fille nommée *Lupa*.

LOUVE épousa Eudoxe, vicomte de Tours; mais on la voit figurer comme dame d'Amboise, et son souvenir traditionnel s'est conservé dans le nom de la porte des Lions, où elle s'était bâti une maison. Nos anciennes traductions de la chronique l'appelaient *Léonne*. Elle bâtit Villeloin (*villa Lupa*). Elle eut deux fils auxquels elle avait donné Amboise, mais ils moururent avant leur mère, qui, parvenue à un âge très-avancé, légua tous ses biens à Clovis Ier vers 500. Ils furent ensevelis tous les trois à Villeloin.

CLOVIS, devenu propriétaire d'Amboise, y eut, vers 504, dans l'île St-Jean, sa célèbre entrevue avec Alaric II. Lorsqu'il fut le combattre à Poitiers, il marcha par Amboise; Tours était apparemment entre les mains des Visigoths, il n'y entra en triomphateur qu'à son retour d'Aquitaine.

Cette possession du pays d'Amboise, que Clovis transmit à ses successeurs, explique, à notre avis, l'existence de plusieurs tiers de sol d'or, monnaies mérovingiennes frappées à Amboise : *Ambacea*, *Ambacia*, *Ambaciaco*, *Ambaciavico*, avec les noms des monétaires : *Chabevicus*, *Ricisilus*, *Francobodus*, *Patornino*, *Passencio*, *Nonnitus*, et dans quelques localités voisines : Limerai, *Limariaco*; Veuve, *Viduavico*; Chisseaux, *Cisomovico*; Sonnai, *Solonacovico*; Courçai, *Curciacovico*... c'était la réalisation des produits de ces domaines.

St Baud, évêque de Tours en 546, est qualifié de Sgr d'Amboise; comme grand référendaire de Clotaire Ier, il en avait peut-être obtenu ce bénéfice viager, ou ce n'était qu'une seigneurie partielle distraite du grand domaine royal resté attaché à la couronne deux siècles plus tard.

Aucun événement particulier à Amboise ne nous est connu jusqu'au règne de Charles le Chauve. Lorsque, en 732, Charles-Martel défit les Sarrasins dans les environs de Tours, il est vraisemblable que leur nombreuse armée s'étendait jusqu'à Amboise, car on trouve auprès, sur les hauteurs qui précèdent Lussault, à une lieue de la ville, le camp des Arabes, la cave des Sarrasins. En 840, les Danois ou Normands détruisirent Amboise et les ponts qu'Anicien avait rétablis, brûlèrent les églises de la ville et des environs.

Vers 850, Charles le Chauve donna le domaine d'Amboise à plusieurs de ses fidèles. Adelaude semble avoir eu la partie qui approchait du château vers l'orient, et Haimon le bourg et ses dépendances vers St-Denis; il eut en même temps Busançais. Cependant le château fut encore dévasté par les Normands en 853 et 878; Ingelger, comte d'Anjou, qui les avait vaillamment combattus, en fut gratifié par Louis le Bègue, après qu'il eut été relevé de ses ruines. Ingelger avait épousé une nièce de l'archevêque de Tours et de l'évêque d'Orléans, qui lui donnèrent ce qu'ils possédaient à Amboise par héritage d'Adelaude. En sorte qu'il y eut à Amboise deux races seigneuriales :

Les comtes d'Anjou au château.   *La famille de Busançais au bourg.*

INGELGER, 878. Il fit rétablir et fortifier le château en 882 et réparer les ponts qui n'étaient encore que des bateaux.

FOULQUES Ier, 888. Les Normands revinrent pour la dernière fois sous la conduite de Berith et Barthet; ils brûlèrent Tours.

FOULQUES II, 938. De son temps, le pays fut heureux et tranquille.

GEOFFROI Ier dit Grisegonelle, 958. Il avait confié la garde du château à Landri le Danois, possesseur à Amboise d'une *maison forte*, seigneurie particulière qui, sous le nom de la Maisonfort, passa aux seigneurs d'Amboise et fut conservée par la branche de Chaumont. Landri voulut s'approprier le château et fit alliance avec le comte de Blois, ennemi de Geoffroi.

FOULQUES III dit Nerra, 986. Ayant assiégé et rasé la maison de Landri, il le chassa du château où il mit Lisois, gentilhomme du Maine, l'un de ses capitaines les plus distingués. Foulques bâtit le château de Montrichard en 1009; il reconstruisit l'église du château en 1030; elle était sous l'invocation de la Ste Vierge, mais le corps de

HAIMON Ier, seigneur du bourg d'Amboise.

SULPICE de Busançais, son fils, surnommé *Mille-Boucliers*.

ROBERT eut pour fils Archambaud de Busançais et

SULPICE, trésorier de St-Martin, qui fit rebâtir, vers 1014, en pierre, la tour d'Amboise qui n'était qu'en bois. Cet édifice, placé à peu près vers *la rue d'Orange*, était très-fort et si élevé qu'on voyait de son sommet la ville de Tours. Sulpice fonda au château, de concert avec Foulques Nerra, un chapitre de chanoines, et lui donna la cure pour les nobles et les soldats, car la cure de tout le pays était à Saint-Denis et lui appartenait. Sulpice maria sa nièce Hersande, fille d'Archambaud de Busançais, à Lisois, qui tenait le château pour le comte d'Anjou, et lui donna la tour d'Amboise et tout ce qu'il possédait dans le pays.

LISOIS fut donc seigneur d'Amboise. Foulques avait joint au patrimoine d'Hersande la plaine au delà de Bléré, nommée la Champagne. Lisois mourut vers 1061, laissant deux fils, dont le cadet, nommé

Les comtes d'Anjou au château.

St Florentin y ayant été transporté, elle lui fut également dédiée, et le chapitre en prit le nom. Amboise fut assiégé en 1029 par Henri, fils du roi Robert, qui ne put le prendre. Foulques mourut à Metz en revenant de son troisième voyage à la terre sainte.

GEOFFROI II dit Martel, 1040. Il continua sa confiance à Lisois, qui lui rendit de très-grands services, particulièrement à la bataille de Nouy, près Montlouis, en 1044; le comte de Blois y fut pris, et fut obligé, pour sa rançon, d'abandonner la Touraine aux comtes d'Anjou. Geoffroi, pour récompenser Lisois, lui donna tout le *carroir* d'Amboise, au dessous du château, jusqu'au moulin de l'Amasse. Ce moulin, qui subsiste encore près de l'horloge, appartenait à Lisois, avec tout ce qui était jusqu'à Saint-Denis, par sa femme. Geoffroi avait aussi donné à Fulcoy de Tornay un fort situé à la Motte du camp de César.

FOULQUES IV le Rechin, 1060. Il y eut de son temps beaucoup de troubles à Amboise; à la mort de Lisois, il avait donné la garde du château à Arnoul de Mehun, qui voulait s'emparer du bourg. Il y eut guerre continuelle entre Sulpice, fils de Lisois, Arnoul et Fulcoy de

La famille de Busançais au bourg.

Lisois, eut les biens de Loches et de Verneuil; il mourut âgé sans laisser de postérité.

SULPICE Ier, 1061. Il eut en partage Amboise et tout ce qui était entre le Cher et l'Indre. Il épousa Denise, fille de Frangal de Fougères, petite-fille de Gilduin de Saumur, seigneur de Pontlevoy, et nièce de Geoffroi de Chaumont; c'est ainsi que les seigneurs d'Amboise eurent par la suite Chaumont, Pontlevoy et Montrichard. Sulpice, ayant eu des démêlés avec le comte d'Anjou, fut fait prisonnier par trahison, et pendant sa captivité, Foulques le Rechin, en 1069, attaqua la tour d'Amboise, défendue par un chevalier nommé Hebrard. Pendant cinq semaines, tous les efforts de l'armée angevine furent vains, et le siége fut levé. Sulpice mourut, en 1080, au château de Rochecorbon, chez sa sœur Sybile, épouse de Thibaut des Roches.

HUGUES Ier, 1080. Il avait épousé la sœur utérine de Geoffroi Martel II, comte de Touraine, qui lui avait promis le château et le domaine des comtes d'Anjou à Amboise aussitôt après la mort de son père; mais celui-ci lui survécut. Huges, dans la crainte que Foulques ne voulût pas tenir aux promesses de son fils, se saisit du châ-

Les comtes d'Anjou au château.	*La famille de Busançais au bourg.*
la Motte. Cependant Sulpice parvint à se maintenir, à chasser Fulcoy, et Hugues son fils devint seigneur de tout le territoire amboisien.	teau et détruisit l'habitation des comtes. Foulques fut très-irrité, mais la mort vint l'empêcher de se venger, et son fils, Foulques V, confirma dans son entier la donation de Geoffroi.

Hugues Ier devint donc, en 1107, seul seigneur d'Amboise. Il fut très-puissant et très-riche par les dons de son oncle Geoffroi de Chaumont, ancien compagnon de Guillaume le Conquérant; il avait apporté d'Angleterre des richesses considérables qu'il donna à Hugues, et après avoir vécu jusqu'à cent ans, il lui laissa tous ses biens. C'est de cette époque qu'Amboise peut être appelé ville. Hugues fit rebâtir et fortifier le château en abandonnant *la tour d'Amboise*, et construisit les ponts de pierre en 1115. Ce fût encore lui qui, vraisemblablement, fit bâtir l'église actuelle de St-Denis, ou du moins la fit commencer : elle est de cette époque. Hugues bâtit encore le monastère de St-Thomas, qui appartint aux moines de Pontlevoy. Il établit au château la coutume de nourrir pendant tout le carême treize pauvres, qui étaient habillés à neuf à la St-Jean. Hugues fut deux fois à la croisade; il y mourut en 1128, et fut enseveli honorablement sur le mont des Oliviers.

Sulpice II, 1128. Il eut de grands succès et finit malheureusement. Il avait fait prisonnier, en 1132, Geoffroi Grisegonelle, comte de Vendôme, et Bouchard de St-Amand, son sénéchal, et les tint en prison à Amboise. En 1136, il prit également Jean Ier, comte de Vendôme, fils de Geoffroi, et le renferma à Chaumont. Mais ayant eu des démêlés avec Thibaut, comte de Blois, celui-ci, en 1153, réussit à le surprendre, et le renferma dans la tour de Châteaudun avec ses enfants; il y mourut bientôt misérablement. Il avait épousé Agnès de Donzy, fille de Hervé II, seigneur de St-Aignan, dont une descendante épousa Robert de France, sixième fils de St Louis, chef de la branche royale des Bourbons.

Hugues II, 1153. Il ne fut délivré de la prison où mourut son père que par l'intervention de Henri II, duc de Normandie, comte d'Anjou, et depuis roi d'Angleterre. Il fallut consentir à la démolition du château de Chaumont, qui fut bientôt rebâti. En 1158, le comte de Blois surprit le château d'Amboise; mais Henri II le reprit, le fit fortifier et y laissa bonne garnison. Hugues rétablit, en 1180, le monastère de St-Sauveur, très-anciennement construit au bord de la Loire vis-à-vis le mail d'Amboise, et qui avait été ruiné par les Normands. Ce monastère, dont Sulpice III fit un prieuré qu'il donna, en 1203, aux moines de Villeloin, a été emporté par les grandes eaux et entièrement détruit de 1710 à 1755. Presque tous les descendants de Lisois avaient été enterrés comme lui à Pontlevoy, dont Gilduin avait fondé l'abbaye. Hugues II le fut dans l'église du château d'Amboise; il laissa deux fils, Sulpice et Jean, avec plusieurs autres enfants.

Chalmel, t. 3, p. 9, d'après le père Anselme, dit que Hugues II avait eu une fille nommée Marguerite, mariée à Renaud de Berrie, dont un fils, nommé Jean, a continué la suite des seigneurs d'Amboise; l'abbé de Maroles avait dit le contraire, et il avait raison. Nous avons sous les yeux plusieurs chartes authentiques prouvant que Jean, 2ᵉ fils de Hugues II, vécut jusque vers 1214, et qu'aucune de ses sœurs, du nom de Marguerite ou autre, ne s'allia dans la maison de Berrie. Ce fut donc Jean qui continua la famille; son fils, héritier de la seigneurie de Berrie avant d'avoir celle d'Amboise, avait, comme lui, pris le nom de Berric et mis un lambel de branche cadette aux armes d'Amboise : pallé d'or et de gueules de six pièces.

Sulpice III, 1195, épousa Elisabeth ou Isabelle, fille aînée de Thibaut le Bon, comte de Chartres et de Blois. A la mort de son père, elle devint comtesse de Chartres; après celle de Sulpice, arrivée en 1214, elle continua à prendre le titre de dame d'Amboise, qui appartenait à Mathilde, leur fille unique. Elle avait épousé en secondes noces Jean d'Oisy, mort vers 1240; il ne paraît pas dans les chartes d'Isabelle relatives à Amboise.

Sulpice avait pris parti pour Philippe-Auguste contre Jean Sans-Terre avant la confiscation des provinces anglo-françaises. Ce fut lui qui, en 1203, s'empara de Château-neuf ou de la ville de St-Martin à Tours.

Mathilde ou Mahault, 1214. Sa mère conserva le titre de dame d'Amboise jusqu'en 1241. Mathilde cependant avait épousé, en 1236, Richard, vicomte de Beaumont, qui était mort avant 1243; elle épousa en secondes noces Jean II dit le Bon, comte de Soissons, et mourut en 1256 sans laisser de postérité.

C'est à Isabelle et à Mathilde qu'on doit attribuer la fondation de l'Hôtel-Dieu d'Amboise. Dès 1225, il existait, sous le nom de Maison de l'Aumône (*domus elemosinaria*); des donations lui sont faites dans cette année et les suivantes. En 1241, Isabelle y fonde une chapelle pour que les pauvres et les malades entendent la messe; cette chapelle fut érigée sous l'invocation de St Pierre, dont elle donna pendant plusieurs années le nom à la maison : *Domus elemosinaria beati Petri de Ambasia*. En 1243, Mathilde, prenant le titre de dame d'Amboise et vicomtesse de Beaumont, fait une très-ample donation qu'on avait regardée jusqu'ici comme l'acte de fondation ; elle a formé réellement le principal revenu de l'Hôtel-Dieu. Ce nom de *Domus Dei* lui est donné dans une charte d'Isabelle en 1244. La donation de Mathilde nous montre que cet établissement était dès lors gouverné par des religieuses prenant le titre de servantes de Dieu et des pauvres : *Deo et pauperibus servientibus et habitum religionis habentibus.* Elles avaient été fondées à l'Hôtel-Dieu de Paris par St Landri ; et St Louis, qui traversa la Touraine en 1242 et 1243, contribua sans doute à leur établissement à Amboise.

Jean Ier, cousin de Mathilde, hérita, en 1256, de ses biens paternels comme neveu de Sulpice III. Il avait eu, avant, la seigneurie de Berrie du chef de sa mère ; il en gardait le nom, et y termina sa vie en 1274. Il fut enterré à Loudun.

Jean II, 1274, quitta tout à fait le nom de Berrie, et mourut en 1303. Son second fils, Hugues, hérita de la seigneurie de Chaumont et commença la branche cadette de la maison d'Amboise, qui jeta un si grand éclat sous le règne de Louis XII.

Pierre Ier, 1303, accompagna Philippe le Bel dans ses guerres en qualité de porte-bannière ; il était accompagné de trois chevaliers et onze écuyers. Il avait épousé la fille d'Anceau de Chevreuse, qui portait l'oriflamme à la bataille de Mons-en-Puelle. Il mourut en 1322.

Vers 1320, Pierre Ier et sa femme, Jeanne de Chevreuse, fondèrent, dans l'église du château, une confrérie de St-Nicolas, qui devint très-florissante à Amboise ; elle fut supprimée en 1782 par les soins de M. de Choiseul pour en réunir les revenus à l'Hôtel-Dieu. Les plus grands personnages entrèrent dans cette confrérie ; on y faisait même inscrire les absents et les morts, pour les faire participer aux prières communes ; on payait pour cela 60 sous de rétribution ou *provendier*. On y fit recevoir, en 1493, le fils aîné de Charles VIII, le dauphin Charles-Orland, mort en 1495. Anne de Bretagne y entra en 1496 avec Charlotte d'Aragon, princesse de Tarente, et Françoise de Bretagne; la reine paya en même temps pour son père, François II, duc de Bretagne, mort en 1488, pour sa mère Marguerite de Navarre, morte en 1496, et pour sa sœur *madame Isabeau*, morte en 1490. Dans l'année 1503, Michelle Allaire, nourrice de Charles VIII, paya pour feu Hervé de Babou, son gendre. Cette alliance contribua sans doute à l'élévation de la famille Babou de la Bourdaisière, devenue si puissante par la faveur de François Ier.

Les confrères de St-Nicolas devaient au roi, le 9 mai, jour de la fête patronale, *un chapeau de fleurs* et deux bouquets. Pendant plusieurs années, des Amboisiens, officiers de la maison du roi, se chargèrent de lui présenter cet hommage où il se trouvait. En 1498, il fut offert au roi à Vincennes; en 1551, à Hagueneau; en 1561, à Beaulieu, près Loches; en 1564, à Paris, suivant un certificat signé par Henri d'Angoulême, grand prieur de France (fils naturel de Henri II); en 1584, à Blois, par Mathieu de Bobrun, valet de chambre du roi et père des deux Bobrun, peintres, nés à Amboise. Plus tard, on portait seulement ce *chapeau* et les bouquets au commandant du château.

Le jour de la fête de la St-Nicolas d'été, chaque confrère recevait une *miche* d'une livre, une pinte de vin et un *sou marqué* : on disait des messes pour Pierre Ier et sa femme.

INGELGER, surnommé le Grand, 1322. Il fut fait prisonnier à la bataille de Poitiers en 1356, et vendit sa terre de Chevreuse pour payer sa rançon. Il épousa en secondes noces Isabeau de Thouars, ce qui mit cette vicomté dans sa famille; il en eut 2 fils : Pierre et Ingelger.

Pierre II, fils d'Ingelger et d'Isabeau, 1373. Il hérita de la vicomté de Thouars en 1397. Il fonda les Cordeliers d'Amboise en 1412; il y fut enterré en 1422. N'ayant pas laissé de postérité, ses biens passèrent à Louis d'Amboise, son neveu, fils d'Ingelger II.

Louis, vicomte de Thouars, 1422. Pour avoir pris part à un complot contre la Trimouille, favori de Charles VII, il fut condamné à mort, en 1431, au parlement de Poitiers. Le roi lui fit grâce, et, en 1434, il lui rendit ses biens qui avaient été confisqués : on en excepta Amboise, qui demeura réuni à la couronne. Louis avait, contre le gré du roi, qui en fut très-irrité, marié au duc de Bretagne, Pierre II, sa fille, Françoise d'Amboise, morte saintement en 1485; mais, dans ses dernières années, il servit bien Charles VII; il lui donna Thouars en 1461, et mourut en 1469 sans laisser d'enfants mâles. En lui finit la branche aînée de la maison d'Amboise issue directement de Lisois ; la branche cadette, sortie du deuxième fils de Jean Ier, fut celle de Chaumont, et devient étrangère à notre sujet ; plusieurs de ses membres étaient ensevelis aux Cordeliers d'Amboise.

Depuis le commencement du xve siècle, l'histoire d'Amboise se lie à celle de nos rois. Charles VII, encore dauphin, avait, dès 1421, pris des mesures pour s'assurer de ce poste important ; et lorsqu'il l'eut entièrement acquis, il fit réparer et fortifier le château. En 1446, il fit bâtir une chapelle de St-Michel dans l'église du château, où fut institué, en 1469, l'ordre de St-Michel. Louis XI y fit aussi construire une chapelle de St-Blaise.

Louis XI vint souvent à Amboise ; en 1465, pendant la guerre du bien public, il confia aux habitants la garde de la ville et du château. En 1469, ne voulant plus qu'il y eut une cure dans l'église du château, il demanda aux notables où ils jugeraient convenable de construire une église; ils indiquèrent la *Nonnerie*, vieux bâtiment où se tenait quelquefois leurs assemblées : c'est sur ce terrain que le roi fit commencer l'église actuelle de St-Florentin, achevée sous Charles VIII. En 1475, l'autorité royale mit fin aux dissentions qui s'élevèrent souvent entre la masse des habitants d'Amboise et ceux d'un quartier appelé le Petit-Fort, comprenant la rue actuelle des Minimes depuis la Mairie. Ce Petit-Fort avait eu des élus, des receveurs, une communauté séparée : il y avait des murs et des portes dont on voit encore des restes. En 1482, Louis XI accorda plusieurs priviléges à Amboise, notamment l'exemption des tailles et autres impôts. La reine Charlotte de Savoie résida souvent au château; elle y mourut en 1483, peu de temps après le roi.

Charles VIII, né à Amboise en 1470, y mourut subitement en 1498, en voyant jouer à la paume. En 1483, il avait établi le grenier à sel; en 1493, achevé le couvent des Minimes. En 1496, à son retour d'Italie, d'où il avait amené des artistes distingués en tous genres, il fit commencer la construction d'un nouveau château, que tout annonçait devoir être magnifique; les États, assemblés à Tours cette année, se plaignaient des sommes énormes qu'il y dépensait. Il avait établi des jardins fleuristes et potagers au Château-Gaillard, au bas du camp de César qui servait de parc; il avait commencé des travaux pour faire arriver du village de Souvigny au château les eaux d'une source abondante. Tout fut arrêté par sa mort; le parc, les jardins et tous les alentours du château furent aliénés.

Dès son avénement, Louis XII, héritier de la couronne comme petit-fils de Louis d'Orléans, fils de Charles V, s'occupa de la dissolution de son mariage avec Jeanne, fille de Louis XI ; elle fut publiquement prononcée dans l'église de St-Denis d'Amboise en 1498. En 1500, Louis XII vint à Amboise avec Anne de Bretagne, reine de France, pour la seconde fois; elle seule y fit une entrée solennelle le 2 décembre. Cette même année, la tour de l'horloge fut achevée ; la cloche, qui pèse 1,624 l., fut fondue en 1501. Louis XII fit faire au château le jardin royal, où est le quinconce de tilleuls, et fit construire une belle galerie qui le bordait du côté de la rivière. En 1507, les habitants d'Amboise firent de grands frais pour la représentation d'un mystère de la Passion, en huit journées.

François Ier avait passé la plus grande partie de sa jeunesse au château d'Amboise avec Louise de Savoie sa mère, à qui il en donna le gouvernement avec tout le domaine qui en dépendait; elle en jouit depuis 1518 jusqu'à sa mort, arrivée à Amboise en 1531. Ce fut en 1515, première année de son règne, que François Ier, célébrant à Amboise les noces de Renée de Montpensier avec le duc de Lorraine, donna une preuve remarquable de sa force et de son courage. Pour amuser les dames, il avait fait prendre vivant dans la forêt, et renfermer dans la grande cour du château, un sanglier qui, malgré toutes les précautions prises, et furieux des provocations dont il était l'objet, parvint à forcer l'entrée du grand escalier. Déjà il menaçait l'appartement de la reine, lorsque le roi se présenta seul et le perça de son épée. Cette même année, François Ier donna le terrain sur lequel on a bâti l'église de Notre-Dame-du-Bout-des-Ponts; elle fut achevée en 1521.

Le 18 avril 1518, Léonard de Vinci, qui possédait à Amboise le château du *Cloux* ou Clos-Lucé, y fit son testament, dans lequel il prescrit les cérémonies de ses funérailles, et désigne les corps religieux d'Amboise qui doivent y assister. Sans doute il était alors dangereusement malade ; mais il paraît qu'il ne mourut que deux ans plus tard ; cependant cette circonstance, et quelques autres faits, ont donné à penser qu'il était mort à Amboise et non à Fontainebleau dans les bras de François Ier. (Voyage de Millin dans le Midi, t. 4, p. 771.) Il existait à Amboise, anciennement, quelques peintures de Léonard ; on ignore ce qu'elles sont devenues. Sa maison du Clos offrait quelques traces de décorations intérieures qu'on pouvait attribuer à son époque ; elles ont disparu sous de modernes restaurations : la jolie chapelle qu'on y voit encore pouvait être de son temps.

Au mois de décembre 1539, au soir, l'empereur Charles-Quint et François Ier, venant de Loches, montèrent au château par la grosse tour, dont la belle rampe avait été ornée de tapisseries. Un seigneur qui portait un flambeau y mit le feu par maladresse, et les princes coururent risque d'être étouffés par la fumée.

Henri II fit son entrée solennelle le 16 avril 1551. Il établit la mairie d'Amboise en 1557.

François II, après avoir fait son entrée à Amboise avec Marie Stuart, le 29 novembre 1559, y vint l'année suivante au moment de la conspiration d'Amboise. Nous regardons comme certain que les circonstances de cet événement ont été dénaturées par les relations du parti protestant ; le nombre des victimes a été fort exagéré. Ce fut à cette époque que le fameux cardinal de Lorraine acheta le domaine de Château-Gaillard, près d'Amboise : la mort de son royal neveu l'empêcha d'en jouir ; il le vendit bientôt. A la fin de 1562, Charles IX donna à Amboise un édit de pacification à la suite des pillages des protestants dont Amboise fut préservé.

Un collége fut fondé à Amboise par Henri III, en 1574.

En 1613, une compagnie d'arquebusiers fut établie par lettres patentes du roi parmi les habitants qui s'exerçaient à tirer au *papegaut*, sorte d'oiseau figuré servant de but. Au jour du grand tir le vainqueur était proclamé *roi du papegaut*; il en portait le titre et jouissait de quelques priviléges, notamment de celui de débiter jusqu'à 25 poinçons de vin sans payer de droits.

En 1626, on fonda les Ursulines d'Amboise, dont le couvent a été démoli en 1800. Cette même année, César, duc de Vendôme, et le grand prieur son frère, arrêtés à Blois, furent amenés prisonniers au château.

Gaston, frère de Louis XIII, avait eu Amboise dans son apanage; s'étant brouillé avec son frère en 1631, le château fut assiégé le 30 mars, et rendu quelques jours après. Deux Amboisiens, Pierre Lelarge, sieur de Villefraut et propriétaire de Château-Gaillard, avec François Lenoir, avaient avancé en cette circonstance, pour la nourriture des troupes assiégeantes, 12,056 l., dont il n'étaient pas encore remboursés en 1653. Gaston étant mort sans postérité en 1660, Amboise retourna à la couronne. On avait démoli en 1632 une partie des vieux bâtiments.

En 1637, Mlle de Montpensier, qui n'avait que dix ans, vint à Amboise et logea au Clos-Lucé, chez M. d'Amboise, mestre de camp, qui avait été gouverneur de Trin, en Piémont, pour le roi. En 1680, M. de Lauzun, que cette princesse avait épousé dans un âge avancé contre la volonté du roi, fut exilé au château; malgré qu'ils fussent brouillés, sa femme le fit rappeler par jalousie de ses assiduités auprès de madame la marquise d'Alluye, femme du gouverneur.

A la suite de l'hiver de 1709, le pont du bras septentrional de la Loire fut renversé; on en construisit un en bois dans l'année 1712, emporté par la débacle des glaces en 1789. Celui qui le remplace fut achevé en 1820.

En 1713, la princesse des Ursins fit acheter le domaine de Chanteloup. Son intendant, d'Aubigny, lui avait fait construire un château dont il finit par devenir propriétaire. Ce domaine fut acheté, en 1760, par M. de Choiseul, qui fit construire un nouveau château. En 1762, ce ministre tout-puissant échangea sa terre de Pompadour, en Périgord, avec Louis XV, contre la baronnie d'Amboise, érigée en duché-pairie en 1764. M. de Choiseul, exilé à Chanteloup en 1770, y fit commencer, en 1775, la pagode qui existe encore; elle fut achevée en 1778.

De 1770 à 1776, on abattit la chapelle St-Simon, sous laquelle on passait, près de la prison, pour aller sur le quai, qu'on éleva considérablement. L'hôtel de ville fut reconstruit dans son état actuel, et on abattit une chapelle dite Notre-Dame-de-Majesté, à l'entrée du pont. En 1777, M. de Choiseul donna à la ville les tapisseries qui ornent la grande salle de la mairie, et son portrait qui n'existe plus. En 1780, on fit le nouveau cimetière au *Clos-du-Bœuf*; M. de Choiseul, qui donna le terrain, y fut inhumé en 1785.

M. le duc de Penthièvre acheta le duché-pairie d'Amboise moyennant cinq millions, à peine suffisants pour payer les dettes d'un ministre longtemps comblé d'honneurs et pourvu des plus beaux emplois de la cour et du royaume.

Le château d'Amboise, pendant le règne de la Convention, devint une prison pour les suspects; on l'appelait la *Citadelle*.

M. le duc de Penthièvre étant mort en 1793, ses biens durent passer à sa fille, Mme la duchesse d'Orléans; mais ils furent confisqués révolutionnairement. Chanteloup fut vendu au chimiste Chaptal, qui, en 1823, le vendit *à la bande noire*. Tout fut rasé jusqu'aux fondements et vendu par morceaux ; la pagode seule et les bois furent achetés pour être réunis à la forêt.

Le château fut affecté à une *sénatorerie* dont le titulaire, Roger Ducos, fit abattre, de 1806 à 1810, l'église du chapitre et presque tous les anciens bâtiments ; le reste fut négligé, et porte encore les traces du vandalisme qui dirigea ces travaux. C'est alors qu'on transporta dans l'église actuelle de St-Florentin un monument assez remarquable, en pierre sculptée, représentant le Christ au tombeau, avec sept autres figures. On croit y reconnaître tous les membres de la famille Babou, et François Ier, qui aurait fait faire cet ouvrage par un des artistes italiens venus à Amboise à la suite de nos guerres d'Italie. (Voir Chalmel, t. 3, p. 16.)

A la restauration, Mme la duchesse douairière d'Orléans rentra en possession du domaine d'Amboise, dont a hérité son fils Mgr le duc d'Orléans (1).

En 1815, pendant l'invasion de Bonaparte, on voulut mettre le château à l'abri d'un coup de main. La porte des Lions fut entièrement démolie, et on détruisit les jardins anglais que le duc de Penthièvre avait fait planter dans les fossés : ils ont été un peu refaits dernièrement.

Depuis quelques années, on a fait beaucoup de dépenses au château d'Amboise ; mais, excepté la restauration de la chapelle de Charles VIII, on a peu fait pour rendre à cet ancien séjour de nos rois quelque chose de royal. Ce qu'il y a de plus remarquable dans ces travaux, c'est qu'après avoir

---

(1) Les événements de 1830 ont, pour la troisième fois, rattaché Amboise à la royauté.

acheté et abattu toutes les maisons qui s'étaient groupées au bas du château, on a percé, au dessous même des appartements, une grande voûte qui traverse le rocher pour aller gagner une belle rampe pratiquée de l'autre côté pour arriver plus facilement au haut du plateau. Il faut espérer qu'on voudra un jour reprendre l'œuvre de Charles VIII, et refaire un château dans un lieu si plein de souvenirs historiques. Le voyageur ne peut encore y admirer que la vue enchanteresse dont on jouit de tous côtés, la tour par laquelle on peut monter en voiture, et les sculptures d'une jolie chapelle où l'on n'a pas rétabli le culte religieux, et isolée, aujourd'hui, dans des jardins bien tenus, mais qui n'ont rien de remarquable.

AMBOISE EN 1465.

Louis d'Amboise, vicomte de Thouars, prince de Talmont, seigneur d'Amboise (1), ayant pris part à un complot dirigé contre Georges de la Trimouille, ministre favori de Charles VII, fut condamné à mort par arrêt du parlement séant à Poitiers, le 8 mai 1431, en présence du roi, qui commua la peine en une prison perpétuelle; ses biens furent confisqués et donnés à la Trimouille, qui n'en jouit pas longtemps. Le complot, mieux ourdi, finit par réussir; le connétable lui-même, Arthur de Bretagne, comte de Richemont, fit enlever la Trimouille à Chinon, presque sous les yeux de Charles VII, qui fut forcé de l'abandonner. En 1434, Louis d'Amboise fut réintégré dans tous ses biens, excepté Amboise et quelques autres terres; cette baronnie resta à la couronne jusqu'à son échange avec M. de Choiseul pour la terre de Pompadour en 1764 (2).

Charles VII, dont le royaume envahi par les Anglais, semblait, pour ainsi dire, concentré entre Bourges, Poitiers et Tours, trouva la position d'Amboise heureuse et utile à la tranquillité de la Touraine, comme Loches et Chinon, ses séjours habituels jusqu'à l'expédition de Jeanne d'Arc. Le château, depuis longtemps délaissé par ses seigneurs, fut mis à l'abri d'un coup de main et réparé de manière à pouvoir y loger la cour, lorsqu'on voulut se rapprocher de Paris; la ville fut entourée de murs, ou du moins on augmenta ceux qui existaient (3).

Louis XI aimait cette villle, et s'il préféra la demeure bizarre qu'il s'était fait construire au Plessis-les-Tours, il venait souvent à Amboise; ses enfants y furent élevés, et il fit ajoûter plusieurs bâtiments au château. Les Amboisiens avaient tout gagné au changement de maîtres, car leur pays n'était pour les anciens seigneurs qu'une propriété territoriale, une source de revenu : le séjour des rois leur procura beaucoup d'avantages et donna de l'importance à leur ville; aussi furent-ils fidèles à la couronne dans toutes les circonstances difficiles des règnes de Charles VII et de son successeur, ainsi que dans les guerres intestines qu'amena la prétendue réforme religieuse sous les fils de Henri II.

Louis XI, qui ne doutait pas de la fidélité des habitants d'Amboise, leur donna une marque de confiance remarquable en 1465, en leur remettant exclusivement la garde de la ville et du château où la reine était logée. Cet épisode historique, peu important au fond, offre quelques détails qui ne sont pas sans intérêt, soit pour étudier les formes de notre administration urbaine à cette époque, soit pour observer les rapports qui s'établirent en cette circonstance entre les citoyens d'une petite ville et un roi ordinairement si absolu dans ses volontés, si violent dans leur exécution. Ces documents sont tirés des archives de l'hôtel-de-ville d'Amboise; je ne fais, pour ainsi dire, que les copier (4).

L'année 1465 est célèbre par la révolte des ducs de Bourgogne, de Bretagne et de Bourbon, contre leur suzerain le roi de France. En lisant l'histoire de cette guerre, si improprement appelée *du bien public,* on ne sait de quoi s'étonner davange, ou des fautes commises des deux côtés, ou du peu de résultats de si grands préparatifs. Il est certain que l'autorité royale fut alors gravement compromise; réduite à combattre ceux qui devaient être ses plus fidèles serviteurs, elle eût succombé si le principe de la légitimité, qui avait sauvé la France de l'usurpation anglaise, n'eût pas été assez vivant pour rendre sans but la coalition formidable à la tête de laquelle s'était laissé mettre le propre frère du roi. Je n'ai point à faire ici l'histoire de cette ligue formée par la haine que tous les grands vassaux portaient à Louis XI, qui le leur rendait bien ; je m'en tiendrai à ce qui touche à nos annales amboisiennes.

Louis XI, partant pour aller combattre le duc de Bourbon, qu'il croyait avoir le temps de réduire avant la réunion des troupes de Bourgogne et de Bretagne, était à Amboise le 24 avril 1465 : il fit venir les *gens* de la ville « ausquels après
» plusieurs parolles qui leur dist leur bailla la charge et
» garde des ville et chastel d'Amboise et en demist et ousta
» le sieur de Baugy nommé Jehan de Bar qui lors estait
» capitaine dudit chastel, et fist bailler les clefs d'icellui
» chastel par N. de Bar fils dudit sieur Jehan de Bar qui
» lors estoit ondit chastel, ausdits habitans qu'ils prindrent
» et receurent. Et leur dist ledit seigneur qui leur bailloit
» la charge et garde des chastel et ville d'Amboise et quils
» gardassent ledit chastel dix à dix ou six à six, et qu'ils
» apportassent leur pot et cueiller ondit chastel et qu'ils beus-
» sent de ses vins qui lors y estoient et qu'ils ne rendissent
» la ditte place sinon à lui, et oultre leur dist qu'il feroit
» venir la Royne qui estoit lors à Tours ondit chastel, et
» donna ausdits habitans vingt brigandines pour la garde
» de laditte ville. »

Tel était le compte rendu le 5 mai par les deux élus Julien Lopin et Jean Ancheron, aux principaux habitants, conseil municipal d'alors, réunis au château d'Amboise *en la sale du moyen estage de la maison neufve faite en icelui* (5). Il s'agissait d'aviser aux moyens d'exécuter les volontés du roi, et d'organiser le service pour la garde de la ville et du château. Il fut décidé que, de jour, six hommes des plus vigoureux *(les plus puissants)* seraient de garde à la porte du château et autant à chaque porte de la ville, et que la nuit ce nombre serait doublé de gens moins forts (*les non puissants*) pour faire le *rezeguet*.

Dans une assemblée du 15 mai, on ordonna quelques travaux à faire aux fortifications et des palissades où il en serait besoin. Une visite générale des murailles fut confiée aux élus, qui le 24 juin rendirent compte de cette opération ; ils indiquèrent plusieurs petites brèches à boucher, des fenêtres et portes donnant sur les murs à supprimer, etc. On les chargea de veiller à ce que tout fût exécuté promptement ; on décida que les *deseniers*, chacun dans son canton, feraient ce qui avait été ordonné, ainsi que des *rateaux* et *barbecanes* sur la muraille, et que chaque habitant se pourvoirait d'un *baston* pour se défendre.

Le 4 juillet, Jean Desquartes, lieutenant du bailli d'Amboise, qui présidait l'assemblée, dit, au nom du roi, que, vu les divisions qui agitaient le royaume, et pour aider à faire les réparations nécessaires aux fortifications, il fallait que les habitants s'imposassent sur eux-mêmes la somme de deux cents livres tournois (environ 1,000 francs d'aujourd'hui), qui, plus tard, serait remboursée aux prêteurs sur les deniers communs de la ville. Tous furent d'avis de lever cette somme, et de l'employer principalement à faire des douves au long de la muraille du côté de la rivière. On nomma les sieurs Guillaume Pasquier et Jean Perthuis pour percevoir cet emprunt et en délivrer les fonds sur le mandat d'au moins quatre des sept commissaires qui furent nommés dans la même séance pour faire faire les réparations convenues (6).

Cependant la guerre était commencée, et le roi, impatient de gagner Paris pour empêcher les Bourguignons d'y entrer, s'avançait du Bourbonnais vers cette ville, avec la crainte que la jonction prochaine des principaux confédérés ne vînt la mettre dans un grand embarras. Il rencontra l'armée du comte de Charolais près de la capitale, et la bataille se donna devant le château de Montléry le 16 juillet. On sait que la victoire fut douteuse; chaque parti se l'attribua, et, en effet, chacun était arrivé à son but principal : Louis XI entra dans Paris, et le comte fit sa jonction avec les Bretons à Étampes. Mais il n'est pas moins vrai qu'au premier moment, vainqueurs ou vaincus; tous abandonnèrent le champ de bataille, et que plusieurs coururent en sens opposés, *de manière à ne pas se mordre*, dit Commines. Il existe à l'hôtel-de-ville d'Amboise deux lettres signées de Louis XI qui confirment ce que l'histoire rapporte sur cette bataille. En voici le contenu.

La suscription porte : « A noz chers et bien amez les bourgois *(sic)* et habitants d'Amboise. »

« De par le Roy. Chers et bien amez, nous pensons que
» avez bien sceu la journée qui fut mardi dernier entre nous
» et les Bourguignons. Là où grace à Dieu eusmes victoire
» de nos ennemis et ont esté de quatorze à quinze cens mors
» et trois ou quatre cens prisonniers et y est mort le bastard
» de Bourgogne et plusieurs autres chevaliers et seigneurs ;
» et depuis ont esté que mors que prins plus de deux mille
» qui s'enfuyoient vers le pont St-Cloud, et le dit pont
» gaigné sur eulx. Nous avons aussi recouvert nostre ville
» de Laigny et le pont St-Maixence, au quel pont Saint-
» Maixence ont esté que prins que mors de quatre à cinq
» cens et y a esté prins le sieur Desmeriz et le sieur Dinchy;
» et d'aultre part le conte *(sic)* de Charroloiz et le conte de

» St-Pol s'en sont departys et ont brullé grant partie de
» leurs chariots et est tousiours demourée la place en nostre
» obéissance; et à l'ayde de Dieu, mais que noz gens soient
» ung peu rafraichiz, avons entencion de nous mectre sur
» les champs après eulx. Et pourceque avons entendu
» qu'eulx tirent devers notre frère et sur la rivierre de Loire,
» et qu'ils se veullent efforcer de gaigner passages sur la
» dite rivierre, nous vous advertissons de ces choses, vous
» prians et deffendans sur la loyaulté et obéissance que vous
» nous devez que vous ne leur faciez aucune obéissance ou
» ouverture ne à nostre frere, aux Bretons ne à leurs adhe-
» rens et complices. Ainçois faites leur toute la resistance
» qui vous sera possible et leur portez tout le dommage que
» vous pourrez ; et affin que vous puissiez mieulx resister à
» l'encontre des dessusdits, nous escrivons presentement
» aux contes de Painthievre, vidame de Chartres, et sei-
» gneur de Bressure, lesquels ont bien de deux à trois cens
» hommes d'armes, et pareillement aux francs archers qui
» sont de là la ditte riviere en grant nombre, qu'il se vie-
» gnent joindre avec vous et loger par les bonnes villes ainsi
» qu'il leur semblera estre necessaire pour la défense d'icel-
» les et eux garder qu'ils ne passent la ditte riviere. Et
» soyez certains que nous serons en brief auprès de vous
» pour vous donner tout le confort et secours que nous sera
» possible, et avecque le plaisir de Dieu aucun inconvenient
» ne vous en adviendra. Si veuillez ainsi faire ce que dessus
» est dit en acquitant la bonne loyaulté que avons envers
» nous trouvé en vous, et en avons nostre confiance. Et en
» faisant ouverture et baillant logeiz ausdits conte de Pain-
» thièvre, vidame de Chartres, seigneur de Bressure et
» leurs gens et aussi ausdits francs archers en vostre ville
» ainsi que entre vous sera advisé tant pour la garde d'icelle

» comme pour garde que lesdits ennemis ne passent delà
» ladite riviere, si aucun mal ou dommage vous est par eulx
» fait, nous vous en ferons faire telle reparation que devrez
» estre contens, comme plus à plain avons chargé à nostre
» amé et féal maistre d'ostel Hardouyn du Boys vous dire
» et exposer de par nous, lequel veuillez croire de ce qu'il
» vous dira de nostre part. Donné à Paris le xxe jour de
» juillet. » *Signé* LOYS, et plus bas LE PREVOST.

2e LETTRE. « De par le Roy. Chers et bien amez vous avez
» sceu la rencontre qui a esté à Montlehery entre nous et le
» conte de Charolloys, en laquelle, grace à nostre Seigneur,
» avons eu le meilleur en toutes façons, car il y a eu plus
» de dix, voire plus de xv des Bourguignons que mors que
» prins contre ung de noz gens. Toutesvoyes, pourceque
» aucuns de nos gens qui s'en sont alez par delà tendent que
» les choses soient en autres termes qu'elles ne sont, et à
» ceste occasion s'en sont retournez en leurs hostels, les
» aucuns les autres n'ont point été recueilliz en nostre ville
» de Tours à Amboise et ailleurs de par delà, dont est à
» doubter que aucun inconvenient en aviegne. Nous, pour
» ces causes, vous mandons et commandons bien expresse-
» ment que recueillez en nostre dite ville d'Amboise, tous les
» gens de guerre de nostre parti qui sont partiz de ladite
» journée et venus en nostre dite ville d'Amboise, ou qui à
» l'occasion d'icelle ont tiré par delà et souffrez et permectez
» qu'ils se puissent mectre en point en la dite ville d'Am-
» boise et de tout ce qu'il leur fauldra, et leur dictes qu'ils
» se joignent avec nostre bel oncle du Maine, auquel man-
» dons qu'il les recueille tous ; et quand nostre dit oncle
» s'en vouldra venir par deça, ou renvoyer aucuns desdits
» gens de guerre, donnez-leur passage et tout le conseil,
» confort et ayde qui vous seront possibles, et en ce ne faites

» aucune difficulté. Donné à Paris le xxvj e jour de juillet. »
Ligné LOYS, et plus bas Rolant.

On voit par ces deux lettres que Louis XI, aussi embarrassé après la *rencontre* de Montléry qu'avant, cherchait à prévenir les suites assez probables d'un pareil événement. S'il avait confiance dans les habitants d'Amboise, il voulait néanmoins s'assurer de leur dévoûment en leur annonçant sa victoire qui eût pu leur paraître douteuse par l'approche de l'armée ennemie, ou par l'arrivée de véritables fuyards de l'armée royale. On y découvre encore la faiblesse des moyens de résistance qu'on aurait eu à opposer en Touraine aux confédérés, s'ils eussent poussé vigoureusement la guerre; mais la division se mit parmi eux, le roi en profita, et les négociations commencèrent bientôt.

Le 16 du mois suivant, une lettre du bailli de Rouen ayant appris aux habitants que le comte du Maine avait nommé M. de Montsoreau pour avoir le commandement de la ville et du château, avec une garnison de vingt *lances*, on délibéra sur ce qu'on devait faire. Jehan de Pocé, seigneur de Nazelles, fut d'avis que, le roi leur ayant confié la garde de la ville et du château, on devait prendre ses ordres avant de recevoir une garnison. Toute l'assemblée partagea cette opinion, et l'on décida « de ne recevoir aucunes lances ni
» gens de guerre sans avoir décharge valable du roi et exprès
» mandement de lui; et que, pour cela, il fallait envoyer
» devers le roi un homme ou deux aux dépens de la ville. »

Il fut arrêté, en outre, que les gens d'église feraient *guet et porte* comme les autres habitants, et il fut enjoint à M. de Maulny, capitaine de la ville, de faire payer dix sols tournois d'amende à ceux qui manqueraient au guet ou rezeguet, et de ne recevoir personne qui ne fût capable de faire le service.

A la fin de la séance, M. de Montsoreau présenta lui-même les lettres du comte du Maine, et l'ordonnance qui le nommait commandant de la ville et du château (7). On lui fit part de la délibération qui venait d'être prise; mais il dit qu'il n'attendrait pas la réponse du roi, et que sa troupe était près de la ville. Cependant on se transporta avec lui au château près de Sa Majesté la reine, à qui, après lui avoir rendu compte de ce qui précède, on offrit de remettre les clefs, en lui demandant un délai pour envoyer prendre les ordres du roi, ce qu'elle accorda.

Jean Perthuis fut chargé de cette mission, et partit sur-le-champ pour aller trouver Louis XI en Normandie, et lui remettre la lettre des habitants d'Amboise (8). Dans une délibération du 7 mars 1466, on trouve qu'il lui fut alloué pour son voyage un écu d'or (11 à 12 fr. d'aujourd'hui).

Le 24, Jean Perthuis était de retour avec une lettre du roi qui disait que son plaisir était que M. de Montsoreau et ses vingt lances *soient logés au dedans de la ville pour la garnison d'icelle*. La reine désirait savoir ce que les habitants décideraient. Le résultat de la délibération fut qu'il fallait solliciter un nouveau délai pour renvoyer vers le roi, afin de lui remontrer que par sa lettre il ne décharge point les habitants de la garde du château et de la ville; et que, dans tous les cas, on remettrait les clefs à la reine *pour en faire et ordonner à son bon plaisir*. On se rendit, en conséquence, au château pour faire part à Sa Majesté de la décision prise par l'assemblée : on lui présenta les clefs, qu'elle refusa de prendre ; mais elle se chargea d'envoyer les lettres du roi à M. de Montsoreau.

Les choses en restèrent là, et les Amboisiens continuèrent à remplir la charge qu'ils tenaient du roi. Leur ténacité est d'autant plus remarquable, en cette occurrence, que M. de

Montsoreau était beau-père de leur dernier seigneur, Louis d'Amboise: ce qui, au reste, fut peut-être le véritable motif d'un refus dissimulé prudemment sous d'autres prétextes plus spécieux que solides. Nicole de Montsoreau, deuxième femme de Louis d'Amboise, veuve en 1469, fut la maîtresse de Charles, frère de Louis XI, et en eut plusieurs enfants. Cette liaison, qui peut-être était commencée en 1465, devait encore inspirer de la défiance au roi, qui fut toujours mal avec son frère alors en guerre avec lui.

Le 20 septembre, nouvelle assemblée pour traiter *du fait et gouvernement de la ville et du chastel d'Amboise*. On prit diverses mesures pour augmenter la garde du château et pour réparer quelques parties des fortifications de la ville, celles du château devant se faire *aux dépens du roy*. Il fut arrêté que « ceulx qui doresnavant fauldront à aller à la porte du
» chastel seront exécutés de la somme de cinq sols qui se-
» ront convertis en ung aultre homme pour lui... que les
» femmes vefues de la ville fourniront de lits pour ceulx qui
» font la porte ond. chastel, lesquels seront receus par les
» esleus qui les visiteront et rendront en la fin.... et que
» Guillaume Perrault notaire et Jean Robert sergent yront
» par les villages faire information des tors que font les
» gens de M. le prince de Navarre pour lui remonstrer afin
» d'en faire pugnition, ou aultrement on y procédera par
» raison et justice. »

Enfin, le 21 octobre, MM. de Chabanais et du Bouchage apportèrent aux habitants d'Amboise réunis en assemblée générale, selon la manière accoutumée, la lettre suivante du roi :

« A nos chers et bien amez les manans et habitants de
» nostre ville d'Amboise. — Chers et bien amez nous en-
» voyons presentement par delà les sieurs de Chabenays et

» du Boschage et maistre Loys Le Mage ausquels nous avons
» chargé vous dire aucunes choses de par nous. Or les
» vueillez croire et adjouster plaine foy à ce qu'ilz vous di-
» rons de nostre part comme si nous mesme le vous disions.
» Donné à Paris le xj^e jour d'octobre. *Signé* LOYS, et plus
» bas PICART. »

Les envoyés du roi firent en même temps connaître ses volontés, et en rédigèrent une déclaration qu'ils remirent, signée par eux, à l'assemblée; elle est ainsi conçue :

« Nous Jehan de Vendosme sire de Chabenays, Imbert de
» Baternay sire du Bouchage et Loys Le Mage notaire et se-
» crétaire de la royne, nommés es lettres de créance du roy
» nostre sire ausquelles ces presentes nos lettres de decla-
» ration de ladite créance sont attachées soubs nos signets,
» certifions à tous qu'il appartiendra que par vertu des let-
» tres du roy nostre dit seigneur et declaration de bouche
» par lui à nous donnée, avons aujourd'hui dit et declaré
» aux mannans et habitans de la ville d'Amboise, es per-
» sonnes de maistre Jehan Desquartes licencié en lois lieu-
» tenant à Amboise pour le bailly on dit lieu, maistre Regnier
» Farmeau procureur du roy ondit lieu, Julian Lopin et
» Jehan Ancheron esleus de la dite ville, Jehan Desquartes
» sieur de Maulny, Jehan Gaudron lesné, Regnier le Fuse-
» lier, Gillet le Houger, Florentin Prevost, Jehan Richart,
» Jehan Aguillon, Macé Martineau, Jean Prevost et plu-
» sieurs aultres de ladite ville, que le plaisir du roy nostre
» dit seigneur estoit que nonobstant la bonne confiance qu'il
» a ausdits habitans pour la garde des ville et chastel dudit
» lieu d'Amboise, qu'il veult et ainsi l'a ordonné que Jehan
» Gresleul capitaine des francs archers de Touraine soit logé
» on chastel et danjon dudit lieu d'Amboise et avecques lui
» ses francs archers en tel nombre qu'il verra estre à faire

» incontinent la royne partie dudit lieu, pour la garde et
» seureté de la dite place, de laquelle il aura la charge pour
» la garder le plus convenablement que faire se pourra à
» ses perils et fortunes, et que les clefs des chambres dudit
» danjon et celles d'icellui danjon en soient baillées par ceulx
» qui les ont entre mains sans en faire aucune difficulté.
» Et tout ce nous certifions ainsi avoir esté dit et commandé
» par le roi nostre dit seigneur. Et pour plus grant seureté
» donner ausdits habitans nous leurs avons donné ces pre-
» sentes signées de nos seings manuels le xxj^e jour d'octobre
» l'an mil iiij^c soixante cinq. *Signé* J. de Vendosme, Ymbert
» de Batarnay, L. Lemage. »

Si les habitants d'Amboise prenaient leurs précautions pour n'encourir aucun blâme de la part de Louis XI, en remettant trop facilement les clefs et la garde du château, le roi, de son côté, tenait à ce que, cette fois, sa volonté fût exécutée ; mais pourtant il employait des moyens pour ainsi dire diplomatiques. On reconnaît, dans toutes ces petites négociations, le génie tracassier et bourgeois du roi qu'on regarde comme le type du despote, et qui ne le fut réellement qu'avec les grands ; ses amis étaient choisis dans la classe moyenne de la société. Voici ce qu'il écrivit, en cette occasion, à Jacquelin Trousseau, maître d'hôtel de la reine, et résidant au château :

« Jacquelin, je vous envoye Grelet (9) que vous cognoissez
» bien, avec ses francs archers, pour ung rapport que l'on
» m'a fait qu'il vous dira en l'oreille. Mettez le dedans le
» chasteau d'Amboise, et là ordonnez leur logis ainsi que
» vous adviserez, et m'en ferez vous et lui bonne garde et
» qu'il n'y ait point de faulte. Donné à Paris le viij^e jour
» d'octobre. *Signé* LOYS. *Et plus bas* BOURRE. »

En conséquence de cette lettre, Trousseau, qui sans

doute jouissait d'une certaine considération parmi les Amboisiens, avait accompagné les envoyés du roi à l'assemblée, ainsi que Jean d'Estampes et Louis de Saint-Priest, également commensaux du château; ils donnèrent aux habitants la déclaration suivante, qu'on trouve au bas de celle de M. de Chabanais, Dubouchage et Le Mage :

« Nous Jacquelin Trousseau et Jehan d'Estampes, mais-
» tres d'ostels du roy nostre Sire, avons esté et sommes
» d'oppinion et l'avons conseillé ausdits habitants qu'ils
» fassent selon le contenu cy-dessus, et oultre que les clefs
» du chastel et danjon dudit Amboise ils baillassent à la
» royne pour leur descharges, ce qu'ils ont fait en nostre
» présence; en tesmoin de ce nous avons signé ces pré-
» sentes de nos seings manuels le xxj^e jour d'octobre l'an
» mil iiij^c soixante et cinq. Et à ce faire a esté semblable-
» ment messire Loys de Saint-Priet, seigneur de Saint-
» Priet, qui a esté de ceste opinion.

» *Signé* SAINT-PRIET. — J. TROUSSEAU. — D'ESTAMPES. »

« Après ce fait, dit le procès-verbal de la séance, tous
» les dessus dits habitants ont esté d'oppinion que on baille
» les clefs dudit chastel à la royne, et que leur semble que
» ce sera descharge vallable. Ce qui a esté fait, et les a
» prinses et depuis baillées audit Gresleul, et qui a esté
» logé audit danjon lui et aucuns de ses francs archers de
» Touraine.

» Et ont les dits habitans gardé ledit chastel et ville,
» ainsi que le roy leur avoit dit et commandé, et à leurs
» despens, depuis le xxiij^e jour d'avril dernier passé jusques
» à ce jourd'huy. »

Si l'on a eu lieu d'être surpris de la manière dont furent négligés les premiers ordres du roi, relativement à la commission donnée à M. de Montsoreau par le comte du Maine, en rapprochant ce qui se passa lors de la négociation relative à Gresleul, on s'explique la marche détournée suivie par Louis XI. Son *bel oncle* le comte du Maine avait tenu à la bataille de Montléry une conduite fort équivoque ; soit lâcheté, soit trahison, il avait abandonné le roi dans un moment critique, et dès lors sa disgrâce fut décidée. Il fallait pourtant le ménager jusqu'à ce qu'on se fût tiré, à force de négociations et d'intrigues, des embarras dans lesquels on était plongé. Aussi Louis XI, tout en répondant par une lettre ostensible aux habitants d'Amboise de recevoir M. de Montsoreau, dont le choix devait augmenter sa défiance, chargea vraisemblablement Jean Perthuis d'instructions confidentielles pour la reine et pour les principaux citoyens, afin que le *très-cher et grant ami* du comte du Maine fût éconduit. Plus tard, *Grelet* dit, sans doute, *en l'oreille* de Jacquelin Trousseau, que le roi, prêt à disgracier complétement son oncle, voulait mettre à Amboise une garnison plus forte, commandée par un homme sûr qui, de concert avec les Amboisiens, pût défendre la ville et le château contre une surprise ou une attaque sérieuse. On voit encore ici le dissimulé Louis XI donner plus entière confiance à ses *compères* Grelet et Trousseau, qu'à ses envoyés J. de Vendôme et Imbert de Batarnay, gens, à coup sûr, beaucoup plus distingués. Les principaux habitants, mis dans la confidence, cédèrent sans hésiter, et reçurent Gresleul, en se faisant donner toutes les garanties propres à constater leur fidélité ; ils en ont conservé des titres honorables, comme nous venons de le voir.

Il est vrai que les Amboisiens n'eurent à s'enorgueillir dans tout cela que de la confiance du roi et du zèle qu'ils mirent à la justifier. L'ennemi ne vint pas leur fournir l'occasion de montrer leur force et leur courage; mais nous ne devons pas douter qu'ils n'eussent bravement soutenu un siége, et qu'ils ne s'en fussent tirés avec autant de gloire que les bourgeois de Saint-Jean-de-Lône, en 1636. Ce serait une belle page à ajouter à l'histoire d'Amboise, qui, au commencement du xie siècle, offre comme fait militaire des plus glorieux la résistance de la ville à toutes les forces du comte d'Anjou, Foulques le Réchin, forcé de se retirer après cinq semaines d'attaques vigoureusement repoussées (10).

Notes et Pièces justificatives.

(1) Louis d'Amboise descendait de Lizois, gentilhomme originaire du Maine, qui reçut en dot, vers 1044, en épousant Hersende de Buzançais, la tour d'Amboise et ses dépendances. En récompense de ses services, Foulques Nerra, comte d'Anjou, qui possédait une grande partie de la Touraine, lui confia le commandement des châteaux de Loches et d'Amboise ; ce dernier domaine et tout ce que les comtes d'Anjou avaient dans le pays fut donné, vers 1100, par Geoffroy Martel II, à Hugues Ier, seigneur d'Amboise, petit-fils de Lizois.

(2) On trouve dans les archives d'Amboise des preuves que, plusieurs années avant 1434, cette ville était entre les mains du roi. Des lettres de Simon Farmeau, conseiller du roi, *bailly et juge d'Amboise pour ledit seigneur*, datées du 13 mars 1425 (*vieux style*) et adressées aux chastellain, receveur et *procureur pour le roi audit lieu d'Amboise*, ont pour but de faire régler les comptes des receveurs arriérés : ils ne le furent définitivement qu'en 1435, à cause des *guerres et mutations de seigneurs*. On voit, par les deux premiers comptes des années 1421 et 1422 : 1° que la recette se composait d'un droit de huitième levé sur tout le vin vendu en détail, et d'un autre droit d'entrée et de sortie sur les denrées ; le premier était affermé 310 l. pour 1421, et le second 190 l. ; 2° que le produit de ces droits était destiné à toutes les dépenses communales et spécialement à l'entretien et réparations des ponts, fortifications et *emparements* de la ville ; 3° que dans ces deux années Amboise, quoique le roi y exerçât déjà un certain pouvoir, reconnaissait l'autorité de son seigneur, Pierre II d'Amboise, vicomte de Thouars, mort en 1426. Voici quelques articles de ces comptes qui le prouvent :

5 mai 1421. « A Macé du Ronne cappitaine de la ville, xxv sous tour-
» nois, lesquelx il avoit baillé pour les despens d'un chevaucheur de
» monseigneur le regent, et de son cheval, lequel avoit apporté lettres
» à monseigneur pour le fait et garde de ladite ville. » — « 14 sep-

» tembre 1421. « A Guillaume de Saint-Pere, pour despense faite par
» ung sergent du roy nostre sire, lequel estoit venu en ladite ville
» d'Amboise pour avancer et mettre sus les gens à pié de la chastellenie
» d'Amboise, lesquelx se rendirent à Vendosme, lx s. tournois. »

1422. « A Huguet de Velors pour l'achat de deux pipes de vin,
» achetées de lui, iij^c livres tournois, lesquelles deux pipes de vins ont
» esté données et présentées à monseigneur d'Amboise, à son nouvel
» advenement en ladite ville d'Amboise par l'ordonnance et volonté des
» esleus et gens de la ville.... Le xvj^e jour d'avril, après Paques, mil iiij^e
» xxij. (a). » — « A Pierre Marcheraz, lequel a esté envoié à Thouars
» par devers monseigneur, porter lestres pour les nobles, gens d'église
» et habitans de la ville d'Amboise, par lesquels estoit fait mention qu'il
» pleust à monseigneur faire éviter le passage et *monstrées* que les
» Bretons vouloient en ladite terre d'Amboise, à lui payé pour sa peine
» et salaire xxij l. tournois. — A Jehan Chosete pour deux setiers de
» farine achetés de lui pour bailler aux gens de la garnison du chastel
» par l'ordonnance des gens de la ville... lxxiij l. tournois. »—« Pour les
» despens, peine et salaire de Jehan Quentin pour estre allé à Bourges
» impetrer, devers le roy nostre sire, les lettres pour remettre sus les
» *appetissemens* et entrée et issue de la ville d'Amboise, par l'ordonnance
» des gens de ladite ville. C'est assavoir pour la façon desdites lettres et
» sceaulx d'icelles xxij l. x s., et pour le sold des despenses dudit Quentin,
» où il vacqua à parfaire les dites impétrations, par lespace de iij sep-
» maines, allant et venant et se mouvant, parcompte fait avec lui à
» xij l. x. s..... Pourtout xxxv l. de forte monnoie. »

On ignore quand furent établis ces droits, ainsi que la forme de l'administration de la *commune* d'Amboise, et s'ils existaient avant que les seigneurs eussent perdu la plénitude de l'autorité au chef-lieu de leur ancien domaine; mais il est à présumer que le Dauphin, retiré dans nos provinces, pourvut d'abord à la sûreté de toutes les places de la Touraine.

(a) Ce prix de 300 l. pour deux pipes ou quatre poinçons de vin, comme celui de 36 l. 10 s. pour un septier de farine, paraîtrait extraordinaire pour ce temps, si l'on ne savait qu'en 1422 l'altération des monnaies fut telle, que le marc d'argent s'éleva subitement de 7 l. à 72 l.; à la fin de l'année, comme on le voit au dernier article de dépense, on revint à la bonne monnaie. Le droit sur le vin avait été affermé, au 1er février 1422, pour 2,240 l. *en monnoie de gros*, au lieu des 310 l. de l'année précédente.

S'il ne créa pas ce moyen d'assurer l'entretien des fortifications d'Amboise, il conserva ces établissements que nous retrouvons aujourd'hui dans nos octrois et notre conseil municipal.

Le premier titre émané de l'autorité royale qui soit aux archives d'Amboise, à ce sujet, ne remonte qu'à l'année 1429 ; il contient le passage suivant : « Nous eussions donné et octroyé ausdits supplians,
» congié et licence de mettre sus esdites ville, paroisses et chastellenie,
» l'appetissement de la pinte ou mesure à vin d'icelles ville, paroisses et
» chastellenie pour tourner, convertir et employer le proffit qui en
» issiroit en la réparation d'un grant pan de mur qui, par grant inondation
» d'eaue, avoit este demoly et mis à ruyne, et aussi es autres reparations
» necessaires de ladite ville et des ponts et fortifications d'icelles......
» laquelle, pour le present, a plus grant besoing et mestier de repara-
» tions et maintenant que oncques, mes mesmement que elle est en
» frontière et fort enviée par nos ennemis et adversaires qui souvent
» concourent près et devant icelle, pourquoy si elle estoit surprise par
» faulte de reparation, ou que aucun inconvenient n'avenist ce tourne-
» roit à trop grant préjudice et dommage irreparable de nous et de nos
» pays et seigneurie de Touraine et des autres pays de nostre obeis-
» sance..... »

(3) L'ancien château bâti par les Romains avait été détruit d'abord par les Bagaudes, qui n'y laissèrent pas pierre sur pierre, vers l'année 250, puis par les Normands, sous nos rois de la 2e race. Il n'avait jamais été très-considérable sous les comtes d'Anjou ; son enceinte était trop rétrécie, et sa position faisait toute sa force avant l'invention de l'artillerie. Lorsqu'il devint la propriété des fils de Lizois, il fut sans doute augmenté des débris de l'ancienne tour d'Amboise ; mais le peu d'importance de cette seigneurie ne dut pas en donner beaucoup à ces nouvelles constructions dont il reste peu de vestiges, si ce n'est dans les murs d'enceinte qui soutiennent la masse du rocher et une partie des fortifications du côté de la porte des Lions. Ce fut sans doute sous Charles VII que furent réparés ou reconstruits les *murs neufs*, dont il est parlé sous Louis XI, des deux côtés de la porte St-Denis, entre le moulin et l'arche des marais.

(4) L'établissement de la mairie d'Amboise date de 1482 ; mais on voit qu'avant cette époque, l'assemblée générale des habitants nommait chaque année, au 2 février, deux élus et un receveur des deniers com-

muns. Cette assemblée était, à la vérité, présidée par un officier du roi, tel que le bailli, son lieutenant ou le procureur du roi ; mais rien ne se décidait qu'à la pluralité des voix, notamment pour l'emploi des deniers communs. Il est vraisemblable que cette forme d'administration urbaine existait déjà sous les anciens seigneurs, en vertu d'une concession dont nous n'avons trouvé aucune trace. Les archives de la mairie ne commencent que de la prise de possession par l'autorité royale ; on trouve seulement des comptes des receveurs depuis 1421.

(5) Cette *maison neuve* était l'édifice appelé des *Sept-Vertus*, du nom des statues qui le décoraient ; il avait été construit par Charles VII et Louis XI entre la chapelle royale et la grosse tour, vers les voûtes servant aujourd'hui d'écuries. Les assemblées de la ville se tenaient ordinairement dans l'*auditoire*, au dessus de l'ancienne halle, à peu près où est construite la nouvelle, ou à la *Nonnerie*, vieux bâtiment sur l'emplacement duquel Louis XI fit commencer, en 1469, l'église actuelle de St-Florentin.

(6) Les sept commissaires nommés pour diriger les travaux pour la défense de la ville étaient, pour la plupart, des personnages importants du pays : Jean Gaudion, élu en 1458-1469 ; Pierre Pellé, en 1452-1468 ; Jean Morin, en 1458-1461 ; maître Jean Papillon, en 1466, il était seigneur de Vauberault à Nazelles ; Jean Forget, d'une famille qui a donné plusieurs maires à Tours, il était seigneur d'Avisé près Amboise ; maître Philippe Rémont ; Etienne Tissard, père de François Tissard, savant helléniste et auteur de plusieurs ouvrages ; Etienne avait été receveur en 1447 et 1448.

(7) *Lettre du comte du Maine.*

Le comte du Maine, etc.

Très-chers et bien amez, nous envoyons presentement par-delà, par le commandement et ordonnance de monseigneur le roy, nostre trescher et grant ami messire Jehan de Jambes *(sic)*, chevalier seigneur de Montsoreau, conseiller, chambellan et maistre d'ostel de mondit seigneur le roy, pour avoir la charge, garde et commandement des ville et chastel d'Amboise et de vingt hommes d'armes et les archers que lui avons ordonnez pour la seureté et garde des dites ville et chastel durant le temps de ces divisions. Et vous prions et néantmoins mandons de par monseigneur le roy et nous, que audit seigneur de Montsoreau, touchant le povoir qu'il a sur ce de nous et les choses dessusdites, vous obéissez et entendez par toutes les manières à vous possibles, et luy donnez de vostre part tout le conseil et aide que vous pourrez et tout ainsi que vous feriez à nostre personne, sur toute l'obéissance et loyaulté que vous devez à mondit seigneur le roy. Et faites que en ce n'ait faute. Tres chers et bien amez le Saint-Esprit vous ait en sa garde.

Escript à Tours, le xiij.e j. d'aost.

Signé CHARLES.

Et plus bas, FEUDE.

La suscription porte : A nos chers et bien amez les manans et habitans de la ville d'Amboise.

Commission donnée à M. de Montsoreau.

Charles conte du Maine, de Guise, de Mortaing et de Gien, viconte de Chastelairault, gouverneur de Languedoc et lieutenant général pour monseigneur le roy partout le royaume. A tous ceulx qui ces presentes lettres verront, salut. Comme pour donner provision et garde des places de par deçà, et pour obvier aux entreprinses que plusieurs rebelles et désobéissans de mondit seigneur le roy et de nous ont fait par cy devant et font chaque jour sur aucunes des places fortes de ce royaume, et encores plus pourroient faire, soit besoing entr'autres de pourvoir à la seureté et garde des ville et chastel d'Amboise où fait depresent sa demeure madame la royne et messeigneurs ses enffans et, pour ce faire, là mectre et depputer aucune personne notable seure et féable à mondit seigneur le roy et à nous..... Sçavoir faisons que nous considérans les grans, bons et agréables services que a toujours par cy devant faiz n^{re} très-cher et grant ami messire Jehan de Jambes, seigneur de Montsoreau et d'Argenton, conseiller et chambellan de mondit seigneur le roy, tant à mondit seigneur le roy, à nous, que à la chose publique de ce royaume..... Icellui, pour ces causes et pour les grans sens, loyaulté, vaillance et expérience qui sont en sa personne, avons commis, ordonné et depputé.... à la garde et gouvernement desdites villes et chastel d'Amboise. Et pour ce faire lui avons ordonné et depputé, ordonnons et depputons par ces presentes le nombre et quantité de vingt hommes d'armes et les archers de la charge et compagnie de n^{re} très cher et féal cousin le conte de Painthievre, desquelz il aura la principale charge et gouvernement pendant ceste presente guerre et jusques à ce que par mondit seigneur le roy autrement en soit ordonné. Et, avec ce, lui avons donné et octroyé, donnons et octroyons de par mondit seigneur et nous, pouvoir, auctorité, commission et mandement especial par cesdites presentes de contraindre tous et chacuns les nobles de ladite chastellenie d'Amboise et autres manans et habitans desdites ville, chastel et chastellenie, tant gens d'Eglise que aultres à eulz mectre sus et en armes au mieulx que possible leur sera, et à faire lesdits guet et garde esdite ville et chastel et aussi les reparations ainsi qu'il sera necessaire et que il verra estre à faire pour la seureté et garde d'iceulx et du pays d'environ.... etc.

Donné à Tours le xiij^e jour d'aost l'an de grace mil iiij^e soixante et cinq.... etc.

(8) *Lettre des habitans d'Amboise au Roi.*

Au Roy nostre souverain seigneur.

Nostre souverain seigneur nous nous recommandons tres humblement à vostre bonne grâce. Plaise vous sçavoir, nostre souverain seigneur, que aujourd'hui xvj^e jour d'aoust est venu en ceste ville d'Amboise vostre maistre d'ostel, messire Jehan de Jambes, seigneur de Montsoreau, lequel a apporté un mandement de monseigneur du Maine par lequel il nous est apparu que mondit seigneur du Maine lui a baillé la charge de la garde et gouvernement de voz chastel et ville d'Amboise, et avecques ce la charge de mettre en ladite ville et chastel pour garnison vingt lances fornies. Et sur ce, nostre souverain seigneur, nous avons consideré nostre pauvreté et aussi la grant et honnorable charge que vostre bon plaisir fut nous donner de la garde de vosdittes ville et chastel dernierement que partistes d'iceulx pour aller en Bourbonnoys, en laquelle garde nous avons fait et nous sommes gouvernez au moins mal que avons peu faire. Et portant nous avons différé recevoir ledit messire Jehan de Jambes et lesdites xx lances pour la garde de vosdits chastel et villes, jusques à ce que ayons sur ce eu vostre bon plaisir et vouloir. Et pour ce, nostre souverain seigneur, nous vous supplions tres-humblement qu'il vous plaise nous commander ce qu'il vous plaira pour nostre descharge, afin que ne puissions, en temps à venir, envers vous estre accusés de faulte et encourir vostre indignation; car nous sommes ceulx qui, en toutes choses, vous voulons servir et obeir sans aucune difficulté comme à nostre souverain seigneur. Nostre souverain seigneur nous prions Dieu qu'il vous donne accomplissement de tous vos haulx et nobles desirs.

Escript en vostre ville d'Amboise ledit xvj° jour d'aoust.

Vos tres humbles et obeissans subjetz et serviteurs, les manans et habitans d'Amboise.

(9) Le véritable nom du nouveau chef de la garnison d'Amboise était Graleul dit Grelet, *Joannes Graleul dictus* Grelet. Il était de la noblesse de Touraine, seigneur de la Rochebreteau, etc.; il vivait encore en 1486.

Voir Histoire généalogique de la noblesse de Touraine, par le ch. de l'Hermite-Souliers; in-f°, Paris, 1665 ou 1669, p. 278. Un titre de l'abbaye de Baugerais constate une donation faite en 1214 par Guillaume Graleul, chevalier, et son frère Hugues.

(10) Lors de la première invasion des Normands au cœur de la France, 878, les Amboisiens avaient manqué une belle occasion de signaler leur courage; ces barbares arrivèrent à Amboise, qu'ils prirent et brûlèrent. Le moine anonyme de Marmoutiers, en rapportant ce fait, ne semble pas douter que les habitants d'Amboise, *aidés des peuples voisins*, n'eussent exterminé l'armée ennemie..... s'ils l'eussent rencontrée; car il montre de la mauvaise humeur contre ce qu'il appelle la *folie* des Amboisiens, qui furent au-devant de l'ennemi du côté où il ne venait pas, ce qui fit que la ville fut prise sans résistance.

« Sic super Ligeris ripas omnia vastantes Ambaziacum pervenerunt.
» Quod oppidum cum paucis defensoribus repertum citò capientes, to-
» tum succenderunt, pontemque Ligeris diruerunt.... Quod stultitiâ
» Ambaziacensium contigit qui, cum vicinis populis, obviam Norman-
» nis processerant, putantes eis nocere, qui à Normannis aliâ viâ in-
» cedentibus decepti, castrum proprium amiserunt. » (Spic., t. 3, p. 237.)

Plus tard, en 1069, la ville d'Amboise proprement dite, c'est-à-dire la tour de pierre, premier patrimoine des fils de Lizois, fut assiégée vainement pendant cinq semaines par Foulques Réchin, comte d'Anjou, à la tête de son armée. Voici la traduction de la chronique amboisienne qui rapporte ce fait : « Foulques Réchin ayant rassemblé son
» armée vint assiéger la citadelle d'Amboise (*arcem*). Le comte entra
» dans la ville par son donjon (*domicilium*), d'où les balistiers et les

» archers dirigeaient leurs traits sur ceux de la tour, qui, de leur côté,
» leur jetaient des javelots et autres projectiles ainsi que d'énormes
» pierres. Ceux du donjon, mieux placés que ceux de la tour, leur
» nuisaient beaucoup en faisant tomber sur eux des pierres avec leurs
» mangonneaux. La plus grande partie de l'armée angevine, campée
» dans le marché près de l'église Saint-Denis, envahissait le bourg
» avec impétuosité : ses phalanges armées assaillaient les murailles au
» son des clairons et des trompettes, et brûlaient tout en jetant du
» feu avec abondance. Ceux de la tour les combattaient également de
» toutes manières, les frappant sur leurs boucliers et leurs casques, à
» la tête et partout ; ils ne cessaient de jeter du feu, tellement que la
» ville fut incendiée par les deux partis, et que même l'église de la Ste
» Vierge (au château) fut brûlée. Le comte attaqua encore la tour avec
» des béliers et autres machines de guerre; mais, pendant cinq se-
» maines, il ne leur fit que peu de mal, et voyant qu'il ne pouvait venir
» à bout de son entreprise, il congédia son armée qui retourna en An-
» jou. » (*Ibid*. p. 260.)

Cette description fixe clairement la position de la tour d'Amboise entre les deux bras de l'Amasse, au sud-ouest du château, vers l'endroit où se trouve encore une arcade qui communiquait des anciens murs à ceux qui renfermèrent plus tard la ville jusqu'à la porte Saint-Denis. Cette tour était très-forte et très-élevée; de son sommet on apercevait les clochers de Tours. L'époque où elle fut démolie est inconnue, mais il est vraisemblable que ce fut au commencement du xiie siècle, lorsque les seigneurs d'Amboise eurent acquis la possession du château, où ils durent faire leur demeure. La tradition de cette ancienne forteresse s'est conservée longtemps sous le nom de la Tour-Fondue; peut-être en trouverait-on des vestiges en creusant profondément, le sol de la ville d'Amboise s'étant nécessairement beaucoup élevé.

REPRÉSENTATIONS DRAMATIQUES

A AMBOISE,

AUX XVe ET XVIe SIÈCLES,

En faisant des recherches dans les archives de la mairie d'Amboise pour rassembler les éléments de l'histoire de cette ville et de son château, j'ai trouvé quelques traces des moralités et mystères qui, jusque dans le cours du XVIe siècle, préludèrent à nos représentations dramatiques, aux chefs-d'œuvre de Corneille et de Racine. Amboise trouvait alors dans son sein les auteurs et les acteurs de ces pièces historiques ou religieuses; et ceux qui, par les suffrages de leurs concitoyens, avaient été appelés à gouverner la *commune*, se chargeaient aussi du soin de diriger la représentation des mystères. Si l'on jugeait d'Amboise, à cette époque, par son importance actuelle dans le monde littéraire et artistique, on aurait sans doute quelque peine à concevoir une grande idée du mérite des compositions qui paraissent avoir pris naissance dans le pays, et du talent des acteurs improvisés de ces drames. Mais il faut se souvenir que, depuis près d'un siècle, Amboise avait été la demeure de nos rois Charles VII, Louis XI et Charles VIII; que ce dernier, principalement, avait dû contribuer beaucoup aux progrès de la civilisation amboisienne en amenant d'Italie les artistes qui avaient entrepris la reconstruction du château :

sans la fin prématurée de ce prince aimable, c'est là qu'eût commencé la *renaissance*. Cette réunion d'hommes éclairés dans tous les genres avait certainement inspiré aux habitants d'Amboise le goût des sciences et des arts; il n'est donc pas étonnant que sous le règne heureux de Louis XII cette ville ait jeté plus d'éclat qu'avant sa réunion à la couronne et que depuis son abandon comme résidence royale.

Il est fâcheux que les mystères joués à Amboise ne soient pas parvenus jusqu'à nous, imprimés ou manuscrits; peut-être ont-ils existé longtemps dans les archives ou bibliothèques du château, de l'hôtel de ville ou du chapitre, mais il ne paraît pas qu'ils y fussent à l'époque de la révolution; ils eussent, au reste, disparu dans cette crise, d'odieuse mémoire, où tout ce qui sentait le vieux était *suspect*, où l'on brûlait tout ce qui appartenait aux églises et aux châteaux. Il est vraisemblable que pendant plus d'un siècle qu'Amboise fut abandonné à des gouverneurs peu marquants, depuis Henri IV jusqu'à Louis XV, et plus encore, lorsque M. de Choiseul en devint propriétaire, ce qui se trouvait de rare et de curieux au château disparut successivement. On n'a aucun reste des archives du chapitre, dont la fondation remontait aux premières années du xie siècle; elles avaient brûlé avec l'église, au commencement du xve siècle. C'est seulement dans les registres incomplets de l'hôtel de ville, dans des comptes de ses receveurs, et dans un très-petit nombre de pièces échappées aux modernes vandales, que j'ai pu trouver quelques faits bons à offrir à ceux qui aiment ces souvenirs de nos vieilles histoires provinciales.

Dès le règne de Louis XI, on aperçoit le goût des Amboisiens pour les représentations dramatiques; lorsque la reine Charlotte de Savoie fit son entrée solennelle à Amboise, au

mois de septembre 1461, on voulut la recevoir magnifiquement. Les habitants, assemblés le 26 du mois précédent, furent d'avis : « que la ville fust tendue depuis le pont jus-
» ques au carroir, et du carroir jusqu'à la porte du chas-
» teau, et que joyeux esbatemens se fassent, comme anges
» volants et autres belles choses pour ladite venue; et que
» Jehan Gaudion le Jeune alast quérir Briaut à Chaumont (1)
» pour faire quelque belle fainte aux despens de la ville,
» et ce que par lui seroit advisé en la présence des esleus
» et de deux ou trois de la ville.... »

Quelques jours après, nouvelle assemblée pour délibérer
« à ladite joyeuse venue de la royne, si la ville lui feroit don
» ou autrement. Lesquels ont dit, tous à une voix, qu'ils sont
» contens et d'accord que don lui soit fait par la dite ville et
» aux despens d'icelle, tel qu'il sera advisé par lesdits bailly,
» procureur et esleus.... et, oultre, a esté appoincté que la
» moralité que maistre Estienne a faite pour jouer à ladite
» joyeuse venue seroit payée aux despens d'icelle ville et
» qu'elle seroit jouée par personnaiges, et que la ville four-
» niroit de bougrans pour faire les abiz aux joueux d'icelle,
» et ils seroient tenus de les faire faire et paindre à leurs
» despens, et aussi que lesdits abiz leur demoureroient....
» et, oultre que pour sa venue on lui donnast deux pippes
» de vin et vingt septiers d'avoine aux despens d'icelle
» ville. »

Maistre Estienne était-il Etienne Tissard, notable habitant d'Amboise, qu'on voit souvent alors dans les charges de la ville, et père de François Tissard, savant helléniste, né en 1460 et mort vers 1508? Cette famille a donné son nom au domaine de Villetissard, près Amboise. Serait-ce plutôt Jehan Estienne, que nous verrons, quarante ans plus tard, très-zélé pour la représentation d'un grand mystère dont

peut-être il était l'auteur? Questions difficiles à résoudre !
Je penche pour la dernière hypothèse.

Peu de jours après l'entrée de la reine, Louis XI fit la sienne, et il fut décidé : « que on achaptast ung poisle de
» beau drap de soye, tel qu'il seroit advisé par les esleus,
» qui seroit porté sur le roy à sa joyeuse entrée en ceste
» ville; et, oultre, que le carroir fust tendu à pavillon,
» comme à la venue de la royne et que tous joyeux esba-
» temens se feissent, et mistères tels qu'il seroit advisé, et
» que vin fust donné à boire à tous venans aux despens de
» ladite ville. »

Louis XII et Anne de Bretagne firent leur première entrée à Tours le 24 novembre 1500 (2); le roi fut ensuite à Loches, d'où il devait venir à Amboise avec la reine. Cette ville se prépara à leur faire une réception aussi pompeuse que l'état de ses finances le permettait : les souvenirs d'Anne de Bretagne y étaient vivants, on avait intérêt à la réconcilier, en quelque façon, avec le château où elle avait vu mourir Charles VIII. Ce fut sans doute pour ne pas réveiller trop vivement ce triste souvenir que Louis XII s'abstint de paraître, en cette circonstance, avec la reine, qui fit seule son entrée solennelle le deux décembre; on supprima du cérémonial convenu la représentation du mystère de Jules-César, qui ne devait avoir lieu que devant le roi. Ce mystère fut-il joué plus tard? Je n'en ai trouvé aucune trace. Il était vraisemblablement fondé sur la tradition historique de l'arrivée et du séjour de César à Amboise, d'où il s'embarqua sur une flotte de petits vaisseaux (*navicelli*) qu'il avait fait construire dans le pays, à Nazelles (*Navicellum*), pour descendre la Loire et conquérir l'Armorique. (*V. de compositione castri Ambasiæ.... etc. Spicil. D. Dacheri.*)

Les dépenses faites pour cette entrée s'élevèrent à 133 liv.

4 sous 8 deniers, qui représenteraient aujourd'hui 568 fr. Deux poêles, de damas rouge pour le roi, et de damas blanc pour la reine, avaient été préparés. Sous un grand pavillon de toile, couvrant tout le *carroir*, on avait élevé deux grosses colonnes de bois, peintes, portant un porc-épic et une hermine qui versaient du vin rouge et du vin blanc, achetés 47 s. 6 d. et 55 sous le poinçon. Voici quelques articles des dépenses relatives à notre mystère :

« Pour trois grands pannots, esquels a une toise de bois,
» faits pour le mistaire de Julius-César que on vouloit jouer
» à la tour des Grands-Ponts à la venue du roy, ce qui n'a
» pas esté fait, parce que ledit seigneur ne fist aucune entrée,
» a esté payé vij s. vj d.

» A Jehan Pleuray, menuisier, pour une toise et demye
» de séage plat, par lui baillé pour faire ung chaffault sur le
» pont-levey, près la *Majesté* (ancienne chapelle près le
» pont), sur lequel on devoit faire le mistaire de Julius-
» César..., etc.

» A Jehan Rougemont, pelletier, pour avoir fourni une
» robbe de taffetas rouge pour celui qui devoit faire le mis-
» taire de Julius-César, pour façon et dechect a esté payé
» xxv s.

» Pour avoir fait rendre et porter en chastel d'Amboise six
» cuiraces, jambars, garde-bras et salades qui avoient esté
» empruntées pour devoir jouer à ladite entrée le mistaire de
» Julius-César, a esté payé six manœuvres qui les ont porté,
» à chacun vj d., pour ce iij s. »

Dans l'année 1504, la grande salle de la maison de ville fut louée à un *basteleux* ou *joueur de mystère*, qui ne paraît pas avoir eu de succès, car il ne *tint* la salle que pour un jour, et paya, pour cela, au receveur 4 s. 2 d. Mais en 1506, tout Amboise fut en émoi pour préparer le mystère de la Passion, qui fut joué au commencement de 1507. Ce fut sans doute par *amusement de société* ou par exercice de dévotion, vers les fêtes de Pâques ; car je ne vois, à cette époque, aucun événement qui ait pu donner lieu à des réjouissances publiques, à moins que ce ne fût à la suite des états généraux de Tours, où Louis XII reçut le titre de Père du peuple, et des fiançailles de sa fille avec le comte d'Angoulême (François Ier), qui habitait alors, avec sa mère, le château d'Amboise. Quoi qu'il en soit, *le mystère de la passion Notre-Seigneur* fut une affaire municipale, l'objet des délibérations des notables, et les frais en furent avancés par le receveur des *deniers communs*.

Les revenus de la ville d'Amboise auraient été insuffisants pour une aussi grande entreprise ; en 1506, le budget des recettes fut de 627 liv. 3 s. 4 d., et la dépense de 370 liv. 16 s. 1 d.; en 1507, la recette fut de 752 liv. 18 s. 3 d. obole, la dépense de 494 liv. 16 s. 3 d. obole ; cependant la mise en scène du mystère coûta près de 950 liv., équivalant à plus de 3,500 fr. d'aujourd'hui. Trois des principaux habitants prêtèrent 400 liv., qui vraisemblablement ne leur furent jamais rendues. *Honorable homme* Jehan Estienne donna 200 liv., Florentin Poirier 100 liv., et le commandeur du temple (de St-Jean de Jérusalem, puis de Malte) 100 liv. Quatre autres notables : Jehan Rougemont, Noël Dan, Pierre Lefranc et René Gaudion, s'obligèrent à solder les dépenses, sans doute par des quêtes, souscriptions et recettes aux représentations ; on voit, sur ce dernier article, qu'en 1508 on fit un arrêt de deniers entre les mains de celui qui avait *les deniers issus de la recette de la résurrection*, jusqu'à ce que la ville fût remboursée. Outre les 400 liv. prêtées, le receveur de la ville, en sus de la dépense portée à son compte, avait avancé, en 1506, 246 liv. 17 s. 6 d., et, en

— 55 —

1507, 296 liv. 19 s. 5 d., qui n'étaient pas rentrés en 1511. Le compte général des recettes et dépenses n'était même pas rendu par Jean Coqueau, chargé de la comptabilité du mystère; il y eut de longues procédures pour parvenir à une liquidation.

Les répétitions se firent dans l'église St-Thomas, qui fut disposée pour cela dès le mois d'août 1506; mais les représentations eurent lieu en plein air ou sous des tentes, car on avait établi à grands frais des échafauds considérables, qui ne furent enlevés et vendus au profit de la ville qu'en 1511. Il est vraisemblable que ce mystère fut joué plusieurs fois; les ecclésiastiques, qui étaient nombreux à Amboise (il y avait un chapitre, deux couvents et trois cures), y prirent des rôles, ayant eu soin, *moyennant dispense*, de laisser croître leurs barbes, afin de mieux figurer les apôtres et les Juifs. On n'avait pas encore imaginé peut-être de mettre des barbes postiches, ou l'on eût regardé ce déguisement comme une impiété; ce ne fut qu'à la fin du règne de François Ier que les ecclésiastiques se soumirent à l'usage de porter la barbe longue. Une médaille de Georges d'Amboise, frappée vers 1503, le représente entièrement rasé; tandis que les monnaies du cardinal de Lorraine, comme évêque de Strasbourg et de Metz, cinquante ans plus tard, lui donnent une barbe longue et touffue. Le rôle de N.-S. Jésus-Christ fut joué par un prêtre nommé Jean Baudeau; pour l'encourager à apprendre ce rôle, et vraisemblablement pour faire répéter tous les autres, il lui fut alloué dix sols par semaine, et cela dura pendant quatre mois, jusqu'au moment de la représentation. Voici les articles du compte de Jean Gruel, en 1506, relatifs aux barbes, au principal acteur, etc. :

« Pour avoir obtenu de monseigneur de Tours ou MM. ses

» vicaires la dispense des gens d'église qui ont des rolles
» pour jouer audit mistaire de la passion à ce qu'ils laissent
» venir leurs barbes a esté payé xij s. vj d. — A messire
» Martin Leguenays, prestre, pour le vin du marché fait
» avec le paintre qui a fait les finctes (décorations) pour
» jouer le mistaire de la Passion. — Au même, la somme de
» cent sols tournois à luy ordonnés en l'assemblée des habi-
» tants de laditte ville faicte le xxve jour d'octobre pour
» aider à paier ceux qui ont fait (écrit) les rolles du mistaire
» de la Passion...— A messire Jehan Baudeau, prestre, qui
» a le rolle pour jouer Notre-Seigneur à la passion, a esté
» baillé et paié la somme de viij liv. tournois pour ses peines
» et salaire d'avoir recordé ledit rolle par l'espace de quatre
» moys finis le xve jour de mars l'an mil cinq cens et six
» (1507), qui est au feur de x s. tournois par semaine, ainsi
» que peut apparoir par l'assemblée et l'ordonnance sur ce
» faite et quittance du dit Baudeau. — A Jehan Coqueau,
» notaire, commis à tenir le compte et faire les payements
» et distributions du fait des chaffaulx et autres choses pour
» le mistaire de la passion Notre-Seigneur que les habitants
» de ladite ville d'Amboise ont entreprins jouer a esté baillé
» et paié par ledit receveur le vj^e jour de décembre la
» somme de cinquante livres tournois pour convertir et
» employer au fait de sadite commission.... etc. »

Il serait trop long de raconter tout ce qui est relatif à la liquidation des dépenses faites pour ce mystère; je me bornerai à citer encore quelques articles justificatifs de ce que j'en ai déjà dit.

« A Pierre Rillart, Pierre Lefranc, Jehan Bonnete,
» Jehan Dupuy, G. Daman, Jehan Gaillart et Jehan Duruau,
» assemblés le xxj^e jour de novembre dernier pour adviser
» comme seroit recouverte la somme de cinq cent quarante-

» trois livres tournois duc à la ville par les joueux du mis-
» tère de la Passion, a esté baillé à chacun ung pain de
» v den., pour ce ij s. 6 d.

» Pour ung homme qui fut envoyé le ve jour d'octobre au
» lieu de Luygny quérir Pierre Tayrié, pour le faire venir
» pour signer et collationner l'obligation des joueurs du
» mystère de la Passion et Résurrection Notre-Seigneur, et
» ce par le commandement de M. le bailly, ij s. vj d.

» Au clerc du maistre des requêtes de madame et mon-
» seigneur d'Angoulesme, pour avoir le double des articles
» que les joueurs du mystère de la Passion requeroient estre
» osté des comptes, ij s.

» Pour ung acte daté du ve jour de juing, signé Potier,
» par lequel appert que ledit Coqueau fut condempné
» rendre sondit compte au mercredi des foyries de Pen-
» thecauste et fut enjoinct à Jehan Rougemont, Noël Dan,
» Pierre Lefranc et René Gaudion obligez pour les joueurs,
» eulx s'y trouver si bon leur sembloit, a esté payé par le
» receveur xx d. — Alloué, x d. »

Ce mystère avait-il été composé par un Amboisien? Le premier *capitaliste* d'Amboise qui prêta ou donna 200 liv. pour monter ce drame était *Jean Étienne*, distingué par le titre d'*honorable homme*; et nous avons vu, en 461, un *maistre Estienne* faire une *moralité* pour l'entrée de Louis XI. Ne serait-ce pas le même qui, ayant commencé dans sa jeunesse par quelques scènes de circonstances, aurait fait dans sa vieillesse le mystère historique de Jules-César, et fini par une tragédie sacrée *en huit actes*, qu'il s'intéressait vivement à voir représenter avant de mourir? Un mystère de la Passion de Jean Michel fut joué *moult triumphament* à Angers l'an 1486, imprimé à Paris dans la même année, réimprimé en 1490, et plusieurs fois depuis (v. Brunet,

Manuel du libraire); mais il était en quatre journées, et le nôtre en huit. D'ailleurs, le duc de Longueville, que nous allons voir si empressé de faire représenter à Châteaudun le mystère de la Passion, aurait pu facilement se procurer un livre imprimé depuis vingt ans; et il veut, au contraire, celui d'Amboise, dont il a entendu vanter le mérite. Si l'on avait joué à Amboise le mystère déjà imprimé à Paris, cela prouverait que les produits du nouvel art typographique ne se répandaient pas promptement, ou qu'ils étaient très-chers, et que *monseigneur de Dunoys* aimait mieux emprunter un livre que de l'acheter, ce qui n'est pas vraisemblable.

Voici la lettre du duc de Longueville au bailli d'Amboise, et la délibération qu'elle fit naître :

« Monsieur le bailly, je me recommande bien fort à vous.
» J'ay esté adverti que avez le livre de la Passion qni a esté
» jouée à Amboise, qui est, comme l'on dit, le plus beau
» qu'on puisse trouver. Et, pour ce que j'ai l'intention de
» faire jouer ledit mistère en ceste ville, je vous prie que
» par ce porteur, mon serviteur, me veillez envoyer ledit
» livre, et je vous le ferai rendre et renvoyer. Et, en ce fai-
» sant, me ferez plaisir et à Dieu. Qu'il soit garde de vous!
» — Escript à Chasteaudun le ve jour d'octobre. — Le duc
» de Longueville bien vôtre. Signé Françoys (3). »

« Le vij^e jour d'octobre l'an m. v^e viij, par-devant nous,
» Raymond de Dezest, seigneur d'Avizé, conseiller du roy
» nostre sire, et bailly d'Amboise, en la maison de ville du-
» dit Amboise, se sont assemblés........ pour voir les lettres
» missives envoyées par monseigneur de Dunoys à nous
» bailly dessus dit, faisant mention que ledit seigneur
» requiert que *les papiers* de la Passion luy soient prêtez et
» communiquez...... A esté conclud par lesdits assistants

» que le double des papiers de ladite Passion seroient faits
» le plutost que faire se pourra, incontinent iceulx recouvers
» et lui seront portés, le tout aux despens de ladite ville,
» et feront la dilligence de les recouvrer les esleus, procu-
» reur et receveur. »

On voit que si le duc de Longueville parle d'un *livre*, ce qui alors se disait d'un manuscrit, les notables d'Amboise n'ont que les *papiers de la Passion*, et qu'ils sont obligés de les faire recueillir, vraisemblablement chez tous ceux qui avaient joué des rôles du mystère, pour les faire copier, car on ne voulait pas courir le risque de voir perdue cette œuvre qui faisait honneur au pays. L'opération fut longue, et le duc, impatient de jouir du chef-d'œuvre, envoya un second messager avec cette lettre adressée à MM. les *procureurs*, *échevins* de la ville d'Amboise :

« Messieurs, je me recommande à vous de très-bon cœur.
» J'ai reçu vos lettres et veu par icelles que n'attendiez plus
» que ung homme qui devoit venir de Paris dedans deux
» jours et que m'envoyriez le livre de la Passion dont desjà
» avoit six journées faictes et n'en restoit plus que deux,
» dont je vous mercye en vous priant, Messieurs, que par
» Jehan Larrive, mon mareschal des logeys, porteur de cestes,
» lequel j'envoye exprès devers vous, me veuillez envoyer
» ledit livre, et me ferez très-grant plaisir. Et quant, en
» aucune chose, me vouldrez employer je le feray de très-
» bon cœur, priant Dieu qu'il vous doint ce que dési-
» rez. A Chasteaudun, le iiij^e jour de novembre. Le duc de
» Longueville bien vostre. — Signé Françoys. »

« Le viij^e jour de novembre, l'an m. v^e viij, par-devant
» nous, Loys Demons, licencié en droit, conseiller du roy
» et lieutenant général de M. le bailly...... se sont assem-
» blés..... pour veoir la lecture des lettres missives envoyées

» aux habitans de ladite ville par monseigneur le duc de
» Longueville, comte de Dunoys, signées de sa main, par
» lesquelles ledit seigneur requiert que les livres du mi-
» staire de la passion Nostre-Seigneur luy soient envoyés par
» Jehan Larrive, son marechal des Logeyz, porteur desdites
» lettres...... a esté appoincté et ordonné, en obéissant
» ausdites lettres et à l'assemblée naguerre faite pour ceste
» matière, que les doubles des livres de ladite Passion qui
» ont esté coppiez aux despens des deniers communs de la-
» dite ville seront baillez et livrez audit Jehan Larrive pour
» les porter audit seigneur pour ladite ville; lesquelles
» lettres sont demourées ès mains du clerc de ladite ville.
» Et sera prins récipissé dudit Larrive comme il a receu les-
» dits papiers. Lesquels papiers seront, par nous, tauxés
» pour estre payez par ledit receveur à ceux qui ont besoigné
» et vacqué à faire iceulx papiers. »

Ordonnance du paiement aux écrivains, à 7 d. 1/2 par
feuille.... « Nous Loys Demons..... et Robert Goullet, pro-
» cureur des manans et habitans de ladite ville, certifions à
» tous qu'il appartiendra que Florentin Tayrié, Gilles Jous-
» sier, messire Loys Coillon, Robert Gardelaz et Ambroys
» Lemoine, ont fait et escript les papiers du mistère de la
» passion Notre-Seigneur, par le commandement des esleus
» et receveur de ladite ville, pour envoyer à monseigneur le
» comte de Dunoys, en ensuivant l'assemblée sur ce faite;
» auxquels en la présence de maistre Jehan Bourreau, esleu
» de ladite ville, avons tauxé pour chacune feuille de papier
» la somme de sept deniers obole, laquelle somme avons
» ordonné estre payée par le receveur des deniers communs
» de ladite ville, et en ce faisant icelle somme lui sera allouée
» en ses comptes. En tesmoing de ce nous avons signé ces

» présentes de notre seing manuel, cy mis le xvijᵉ jour de
» janvier m. vᵉ viij (1509, N.S.).

En vertu de cette ordonnance le receveur paya :

```
                                                l.   s.   d.
A Florentin Tayrié, not., p.  97 feuil.,  3   »    7 1/2.
A Gilles Joussier, aussi not., p. 188 feuil., 6   »   »     (Il y a 2 s. 6 d. de trop.)
A Loys Coillon, prestre, p.  82 feuil.,  2  11    3
A Robert Gardelaz, clerc, p. 115 feuil.,  3  11  10 1/2.
                                         ─────────────────
               Totaux. . . 442 feuil., 15   3    9      au lieu de 15 l. 1 s. 3 d
```

Il n'y a point de quittance d'*Ambroys Lemoyne*; son travail était peut-être compris dans celui d'un des quatre autres, car le total de la copie est bien porté au compte du receveur pour 15 liv. 3 s. 9 d.

Le goût des mystères n'avait fait que s'accroître à Amboise par le succès de celui dont la renommée avait été portée... jusqu'à Châteaudun ; et les embarras occasionnés à la ville par le recouvrement de ses avances, de 1507 à 1511, n'empêchèrent pas de recommencer avec un nouveau zèle une entreprise semblable. Dans l'année 1520 on mit en scène le mystère du *Trépassement de Notre-Dame* et celui de la *Vie de monseigneur St-Dénis*, patron de la principale paroisse d'Amboise. Ce fut encore une affaire d'administration municipale, et la ville engagea ses revenus. Les termes de la délibération, sur ce sujet, prouvent quelle importance on mettait au succès de ces nouvelles représentations dramatiques.

« Par devant L. Demons...... se sont assemblés, en
» l'église, monseigneur St-Thomas, pour les mystères St-
» Denis...... Louis Quinerit, esleu et autres... (en tout 147
» notables habitants), tous les dessusdits ont promis jouer,
» et ledit Marier, en l'abillant, comme il a esté cy-devant,
» dont ils ont esté jugés et condampnés.

» Ont tous esté d'oppinion et conclud que la ville entre-
» preigne à faire les frais qu'il convient faire pour jouer les
» mystaires du Trépassement Notre-Dame et Vie monseigneur
» St-Denis, et que, pour y frayer le receveur de la ville,
» pourra emprunter deniers où il en pourra trouver; et,
» pour la restitution d'iceulx, pourra obliger les deniers et
» revenus de ladite ville. Et, pour la conduite, ont esté
» esleus quatre desdits habitans de ladite ville qui auront
» l'entière charge desdits mistères, et poursuite d'iceulx, à
» laquelle ils vaqueront à toute diligence, et que négligence
» ne leur puisse estre imputée et que la ville n'y ait déshon-
» neur. Et, pour ce faire, ont nommez Me Gilles Man-
» geant, Loys Quinerit, Jehan Jarry l'aisné, Guillaume
» Bourgeau, lesqueulx pour l'absence ou reffus dudit rece-
» veur de ville se pourront obliger en leurs noms avecques
» lesdits esleus, desdits deniers empruntés, et au garantye
» de restitution obliger la ville et les deniers communs
» d'icelle. Et ont transporté, les entrepreneurs cy-devant
» esleus les obligations qu'ils doivent cy-devant au proffit de
» ladite ville, selon les assemblées cy-devant faictes........
» lesqueulx Mangeant, Jarry, Bourgeau et Quinerit ont fait
» serment d'eulx y conduire honnestement. »

La fin de cette délibération me semble relative aux obligations contractées par suite de la liquidation du mystère de la Passion, pour rembourser la ville de ses avances, lesquelles obligations étaient affectées à la garantie des emprunts à faire pour les deux qu'on se préparait à jouer. Je n'ai pas pu suivre les résultats de cette première délibération, ni voir si la représentation des deux nouveaux mystères avait eu lieu à la satisfaction des habitants d'Amboise et de leurs magistrats municipaux. Les registres et les comptes offrent plusieurs lacunes et des feuilles tout à fait illisibles.

On sait que l'invention de l'imprimerie, et son usage répandu dans toutes nos provinces, anéantirent tellement la profession d'écrivain, que l'art de l'écriture se perdit bientôt; les registres de la fin du xvie siècle sont presque indéchiffrables. Je n'ai rien trouvé depuis 1520 sur les représentations dramatiques à Amboise, si ce n'est quelques mentions de louage de la grande salle de l'hôtel de ville à des *bateleux* ou *joueurs de mystères*. Amboise, après le règne de François Ier, perdit beaucoup sous tous les rapports, et les guerres de la religion firent tant de mal dans la Touraine, comme dans toutes nos provinces, qu'on ne put guère s'y occuper de plaisirs et de dépenses pour jouer publiquement des drames à grand spectacle. Celui de la conjuration d'Amboise, quoiqu'il n'ait pas eu certainement toute la sanglante importance que les chroniques protestantes sont parvenues à lui donner, dut éloigner de ce pays, pendant longtemps, les pacifiques spéculations dont nous venons de parler (4).

NOTES.

(1) Chaumont est un château placé dans un très-belle position, sur la rive gauche de la Loire, entre Amboise et Blois; il appartenait aux seigneurs d'Amboise depuis le XIe siècle, Hugues Ier l'ayant eu de son grand oncle Geoffroi, surnommé *la Belle-Fille*, mort à cent ans, après avoir combattu vaillamment avec Guillaume duc de Normandie à la conquête de l'Angleterre. Au commencement du XIVe siècle, Chaumont devint le partage de Hugues, second fils de Jean, seigneur d'Amboise; et lorsque cette dernière ville fut presque abandonnée par ses seigneurs devenus vicomtes de Thouars, la branche cadette florissait à Chaumont, et fit renaître la famille d'Amboise plus brillante qu'elle ne l'avait jamais été.

En 1461, le seigneur de Chaumont était Pierre d'Amboise, devenu chef de sa maison par la mort de Louis, sur lequel Amboise avait été confisqué. Pierre, qui avait joué un assez grand rôle sous Charles VII, était encore chambellan de Louis XI; il eut dix-sept enfants, dont neuf fils tous distingués, et surtout Aimery, grand maître de Malte, le fameux cardinal Georges d'Amboise, et Charles, qui continua cette illustre famille. Il n'est donc pas surprenant qu'on ait été chercher à Chaumont un artiste qui manquait à Amboise pour décorer la ville à l'entrée solennelle du roi et de la reine.

(2) Peu de jours après son mariage avec Charles VIII, célébré à Langeais le 16 décembre 1491, Anne de Bretagne avait fait en grande pompe sa première entrée à Tours, et en parcourant la ville dans toute sa longueur, depuis le Vieux-Pont, devant la caserne actuelle de cavalerie, jusqu'au faubourg de Notre-Dame-la-Riche, pour aller au Plessis, on lui avait fait les honneurs de cinq mystères différents :

1° Devant le château on joua le mystère des *Sibylles*, où paraissaient 17 personnages tous habillés de draps de soie de diverses couleurs, pour lesquels on avait acheté 35 aunes de taffetas de *Fleurance*, à 40 sous l'aune; 17 paires de gants de *chevrotin*, un chapeau de cire verte *en façon d'espines*, un *rousier fait en façon de fleur*, une lanterne et un berceau *qui figurent audit mistère*.

2° Au carrefour de la Foire-le-Roi, *le mistère du roy Salmon et de la royne Sabba*; « sur le grand échauffault, il y en avait un autre petit à six degrés

» pour mettre la chaire du roy et un dressouer à mettre la vaisselle d'argent. »
On paya à Jacques Malledent, pelletier, pour avoir fourré d'*Ermynes la robbe de drap d'or du roy Salmon*, 3 écus d'or; à André Denisart, 27 aunes de taffetas de plusieurs couleurs pour faire sept robes de personnages qui jouaient à ce mystère.

3° Au carrefour de *feu Jean Debeaune*, on joua le mystère des neuf *Preuses* ou femmes fortes. Il fallut 27 aunes de taffetas de Fleurance de plusieurs couleurs pour les robes des neuf *preuses*. Ici les *menestriers* de Mgr de Bourbon *sonnèrent*, et on leur donna deux écus et demi d'or, équivalant alors à 4 liv. 7 s. 6 d. (27 fr. 50 c. d'aujourd'hui).

4° Au carrefour *de devant la maison Pierre Carré* (carroir des Chapeaux, près la place aux fruits), on joua le mystère de *Madame Ste-Anne*; on fit faire trois robes de femme; il y avait huit petits enfants revêtus de taffetas et portant des *escripteaux*.

5° Au portail de Notre-Dame-la-Riche, on joua le mystère du roi *Suaire?* « Item, la somme de 33 livres 13 sous 4 deniers, pour 16 aunes 2/3 et
» demi de taffetas de plusieurs couleurs pour faires les robbes de ceux
» qui ont joué le dit mistère, c'est assavoir : à la royne et à trois filles qui la
» accompagnoient, pour le bergier et la bergière, qui valent au prix de 40 s.
» l'aune... Item, pour 21 aunes sarge blanche et tanée, pour faire six robbes de
» pastoureaulx qui jouerent au dit mystère, qui valent, à 7 s. 6 d. l'aune, 7 l.
» 17 s. 6 d. »

Il est à présumer que ces mystères n'étaient composés que de quelques scènes assez courtes; car, pour peu qu'ils eussent eu le moindre rapport avec l'idée que nous nous faisons d'un drame, le cortège royal eût été longtemps à faire le trajet qu'il devait parcourir, surtout avec les compliments qu'il fallait entendre et la musique obligée de semblables cérémonies.

(3) François d'Orléans, deuxième du nom, comte de Dunois, était petit-fils du fameux Dunois, compagnon d'armes de Jeanne d'Arc, et fils naturel de Louis d'Orléans, assassiné par le duc de Bourgogne. François II avait été créé duc de Longueville par Louis XII, son cousin, en 1505; il commanda l'arrière-garde de l'armée royale à la bataille d'Aignadel en 1509, et mourut à Châteaudun le 12 février 1513, âgé d'environ 32 ans.

(4) Henri II et Catherine de Médicis firent leur entrée solennelle à Amboise le 16 avril 1551. Les préparatifs pour cette cérémonie avaient commencé dès le 8 novembre précédent, sous la direction de Jehan Bassinet, *maistre ymager et conducteur de l'œuvre faicte pour la dicte entrée*. On ne joua pas de mystère; on plaça seulement sur le *carroir* une colonne soutenant quatre sibylles habillées de taffetas : elles portaient chacune une poêle à queue, contenant *du feu artificiel* composé de cire de Flandre, de résine, de *tourmentine*, d'en-

cens, d'huile de noix et de pétrole. On donna au roi 50 poires de bon-chrétien, à la reine un quarteron et demi de poires de bon-chrétien ; et un demi-cent de pommes de *capendu*, etc. La dépense totale s'éleva à 704 l. 7 s. 7 d.

A l'entrée de François II et de l'infortunée Marie Stuart, le 29 novembre 1559, on dépensa 535 l. 2 s. 4 d. Les deux dais de velours et damas brodés en or, sous lesquels le roi et la reine furent reçus, coûtaient à eux seuls plus de la moitié de cette somme ; on acheta 40 livres de poudre *pour faire tirer l'artillerie*. On donna beaucoup de poires de bon-chrétien et de *brequemorte ;* mais on voit figurer pour la première fois les *confitures sèches* de Tours : on en acheta pour 55 l. 4 s. 6 d., « pour faire présens aux roy et royne, et à la royne » mère du roy et autres grans princes et seigneurs. »

DE LA CONJURATION D'AMBOISE

Et de ses traces dans les archives de la mairie de cette ville.

1560.

Lorsque, mettant de côté les préjugés d'opinion qui, trop souvent, accompagnent nos lectures historiques, on examine attentivement ce qui a été écrit sur la conjuration d'Amboise, on est amené à reconnaître qu'elle était principalement dirigée contre la religion catholique, et qu'elle a été déjouée par la Providence plutôt que par la force ou l'habileté du gouvernement royal.

Cette vaste conspiration, préparée longtemps à l'avance, que dirigeaient des hommes puissants cachés derrière des capitaines vaillants et actifs, concertée avec les princes allemands qui, déjà, avaient abjuré la religion de leurs pères, et couverte du prétexte de renverser le ministère des Guises, avait pour but réel de rendre la France hérétique, pour exploiter ce grand changement au profit des novateurs. Calvin avait été mis dans le conseil des conjurés, Genève avait été leur point de départ. Le désappointement de tous les prétendus réformés fut assez visible pour montrer les espérances qui avaient été fondées sur une entreprise pour laquelle ils avaient fait des sacrifices considérables. Ce qui faisait des Guises le premier point de mire des conjurés, c'est qu'ils faisaient obstacle à l'ambition des chefs et arrêtaient le développement du calvinisme et de son principe d'indépendance politique et religieuse. Il n'entre pas dans ma pensée de justifier tous les moyens violents pris pour arriver à ce but ; mais si la conspiration eût réussi, il est fort à croire que les rôles étant changés, les catholiques eussent été traités plus rigoureusement encore pour les forcer à apostasier. Le prince de Condé, dont le rôle à Amboise fut si triste et si honteux, levant bientôt son masque d'innocence et de fidélité, prouva, sur les rives mêmes de la Loire, ce qu'il était déjà dans le cœur, en 1560, pour la religion catholique et pour l'autorité royale.

Le peu d'effet produit par une entreprise aussi menaçante, par des manœuvres en apparence si bien concertées, résulta de l'hésitation du prince de Condé et d'autres événements impossibles à prévoir, et non de l'habileté de ceux qui régnaient sous le nom de François II, ou de la supériorité des forces dont ils pouvaient disposer. Bien servis par la révélation de Desavenelles, le duc de Guise et le cardinal de Lorraine (1), n'avaient pourtant pris que des mesures bien faibles dans un si grand danger; ils furent dans une situation fort critique sur la pointe du rocher d'Amboise. Ils eussent certainement succombé si les conjurés eussent eu plus d'ensemble et des chefs avoués plus importants, et si la Providence en ce moment ne les eût pas protégés. On n'en doutera pas en lisant les avis de l'évêque d'Arras et du duc de Savoie, la rencontre de Sancerre avec Castelnau dans un faubourg de Tours, les fautes des capitaines à Noisai, la rencontre de La Renaudie avec Pardaillan dans la forêt de Château-Renaud, etc. Les princes lorrains avaient d'autant plus à craindre, que les conjurés disaient à haute voix qu'ils ne voulaient que les éloigner ; la révolte se présentait colorée de quelques prétextes légaux. L'ennemi principal des Guises était près d'eux, dans l'intérieur du château, avec des sicaires dont le poignard devait les frapper au premier signal.

Tout fut déjoué par le concours de diverses circonstances pour ainsi dire fortuites, et il ne resta plus aux conjurés qu'à travailler à donner à leur entreprise une couleur d'opposition légale et toute patriotique; ils se posèrent en victimes des plus affreuses barbaries, eux qui prétendaient mériter des couronnes civiques!

Sans essayer ici à établir plus solidement ces deux manières d'envisager la conjuration d'Amboise, je rechercherai seulement si le nombre de ceux qui périrent alors n'a pas été exagéré, et je ferai connaître ce que j'ai trouvé dans les archives de cette ville sur un événement qui devrait être si important dans ses annales.

Nos historiens modernes, se copiant toujours, tracent un effroyable tableau des horreurs dont Amboise fut le théâtre à la suite de ce coup de main manqué. « Le sang ruissela à
» grands flots dans la ville d'Amboise, dit Chalmel dans son
» *Histoire de Touraine* (II, 346); la Loire fut couverte des
» cadavres de ceux qu'on précipitait dans les flots. Les rues
» étaient encombrées de morts, et les places publiques n'é-
» taient pas assez spacieuses pour contenir les potences et
» les échafauds. Plus de 1,500 personnes expirèrent ainsi
» dans les supplices. » Ailleurs, on écrit que les soldats étaient pendus *tout bottés et éperonnés* aux créneaux du château, ou *à de longues perches scellées dans les murailles*.

Cependant, d'après les *Mémoires de Condé*, toujours cités sur ce sujet, « La Renaudie choisit jusqu'au nombre de *cinq*
» *cents chevaux et quelques gens de pied*, lesquels il fit ap-
» procher de la ville d'Amboise..... Or, il y a un chasteau
» près d'Amboise nommé Noizé, auquel s'estoyent assem-
» blez les principaux de l'entreprise attendant ledit de La
» Renaudie.... La Renaudie taschant par tous moyens de
» s'adjoindre à sa troupe, fut rencontré par un gentil-

» homme nommé Pardaillan qui, avec plusieurs autres,
» courait çà et là pour découvrir quelque chose... Ledit La
» Renaudie lui donnant deux coups d'espée au costé droit,
» le tua et fut, quant et quant, frappé d'un coup d'arque-
» buse par le serviteur dudit Pardaillan, dont il mourut
» sur-le-champ, et puis son corps fut porté à Amboise....
» et là demoura pendu quelque temps..... et fut attaché un
» escriteau avec sa teste contenant ces mots : La Renaudie,
» dit La Forest, chef des rebelles, *qui fut cause que le
» reste s'escarta*. Voilà comme ceste entreprise ne parvint
» pas à son but, ce que plusieurs ont trouvé estrange, at-
» tendu la prudence par laquelle elle avoit esté conduite
» jusques au poinct de son execution, et que les *cinq cents
» chevaux* estoyent tellement disposez qu'ils avoient pu ve-
» nir jusques près d'Amboise sans estre decouverts. »

Si l'on rapproche ce récit de quelques autres circonstances rapportées ailleurs, on concevra difficilement qu'avec tous ceux qui ont dû s'échapper ou obtenir grâce, sur 500 cavaliers et *quelques* gens de pied, il ait pu y avoir 1,500 victimes. Il est évident que la conspiration qui devait éclater partout aussitôt qu'on aurait appris la mort des Guises, fut comprimée avant d'éclater, et qu'il n'y eut d'autre démonstration sérieuse qu'une attaque intempestive sur une des portes d'Amboise par Chandieu et autres, qui purent se retirer sans être arrêtés.

La principale scène se passa à Noisai, à deux lieues d'Amboise; le duc de Nemours étant venu investir ce château à la pointe du jour, surprit les capitaines Raunai et Mazères se promenant dans les avenues, il les amena à Amboise. Bientôt revenu avec des forces supérieures, il somma Castelnau de se rendre. Celui-ci, pressé par ses soldats qui ne voulaient pas faire résistance, et persuadé par les promesses du duc de Nemours, consentit à se laisser conduire à Amboise pour faire entendre au roi les plaintes et les vœux de son parti. Mais Nemours fut désavoué, et Castelnau décapité avec Raunai, Mazères et un autre chef.

J'ignore sur quels documents on nous dit que les cavaliers bottés et éperonnés étaient pendus à des perches scellées dans les murailles, ou jetés pieds et poings liés dans la rivière, en si grand nombre que la ville devint un foyer d'infection, ce qui força la cour à s'en éloigner. On ne trouve pas, à cette époque, la moindre trace de maladies contagieuses à Amboise, et cela n'était pas nécessaire pour motiver le départ du roi pour Tours. Ceux qui connaissent le château d'Amboise et ce qu'il était au XVIe siècle, savent que la cour de François II et de Marie Stuart, avec la reine mère et ses enfants, les princes lorrains et leur famille, devait être trop gênée sur cette petite langue de terre pour y résider longtemps. La conspiration était totalement déjouée; le chef réel et bien connu malgré ses dénégations, le prince de Condé, était entre les mains des Guises, et rien n'était à craindre pour la sûreté du roi. Ce qui le prouve, c'est qu'on voyagea tranquillement à Tours, plus calviniste qu'Amboise; à Marmoutier, qui était à peine renfermé de murailles; à l'Isle-Bouchard, à Chenonceaux, où les ennemis des Guises eussent eu beau jeu s'ils n'eussent pas été complétement déroutés par la mort ou le désaveu de leurs chefs (2).

Quant aux potences que ne pouvaient contenir les places publiques, je serais tenté de les réduire à deux : une sur le pont, où fut suspendu le corps de La Renaudie; l'autre sur le *Carroy*, assez petite place, la seule qui existât dans l'enceinte de la ville. Hors des murailles, quelques faubourgs isolés et ouverts n'auraient offert aucune sûreté pour de pareilles scènes. Cette potence du *Carroy* avait-elle servi au supplice de quelque rebelle? Je l'ignore, mais elle porta sur sa traverse les têtes des quatre capitaines décapités quelques jours après leur capture. Voici ce qu'on trouve dans les délibérations de la ville d'Amboise, où il n'est pas autrement question de la fameuse conspiration, ni de la perturbation qu'auraient causée dans la cité toutes les horreurs racontées par l'histoire.

Dès le 4 février 1560 il avait été lu, en assemblée générale, une ordonnance du roi, datée de Blois le 25 janvier, sur la manière d'ordonner les logis de la suite du roi; il était impossible que tout logeât au château. A l'assemblée du 13 mars, on traita des affaires ordinaires de la ville, sans qu'il soit question de l'arrivée du roi ni de son séjour à Amboise. François II et Marie Stuart y avaient déjà fait une entrée solennelle le 29 novembre 1559.

Le 7 mai on fait lecture de deux lettres du roi, datées de l'Isle-Bouchard le 5 : l'une, adressée à l'un de ses maréchaux-des-logis pour qu'il fasse tenir garnison à Amboise avec deux compagnies; l'autre, adressée aux habitants, était ainsi conçue : « Chers et bien amez, avons entendu ce qui
» a, puis naguerres, esté fait en nostre ville d'Amboise, au
» grand mépris et contennement de nous et de nostre au-
» torité; nous avons advisé, en attendant que nous y ayons
» pourveu par autre voye, de faire loger en la dite ville les
» deux compagnies de gendarmerie dont ont charge les sieurs
» de la Fayette et de Rendan pour y tenir garnison, jusques
» à ce que par nous autrement en ayt esté ordonné. Et
» ayant deputé le capitaine Cezar, marechal de nos logis,
» pour aller faire asseoir et departir les logis desdites deux
» compagnies en ladite ville, nous lui avons, quant et quant,
» donné charge d'accorder et arrester avec vous le prix et

» taux des vivres que vous aurez à faire fournir ausdites
» deux compagnies, tant pour leurs personnes que pour
» leurs chevaux, d'autant que de les payer à si hault prix
» qu'ils ont esté vendus pendant que nous avons resident en
» ladite ville et qu'ils y peuvent avoir cours à present, le
» gendarme ne sçaurait pas vivre de sa solde. Et nous voul-
» lons et entendons qu'ils luy soient delivrés à prix si rai-
» sonnable qu'il y puisse commodement satisfaire de sa solde
» sans se ruyner. Lequel taux ferez mettre par escript dans
» un tableau qui sera signé dudit cappitaine et de vous,
» affin que lesdits hommes d'armes et archers se règlent la
» dessus au payement desdits vivres et qu'ils ne leur peus-
» sent estre surencheris. A quoy ne ferez faulte de vous
» employer et satisfaire ; et au surplus de prester et faire
» prester audit cappitaine Cezar tout l'ayde et faveur qui luy
» sera nécessaire pour l'exécution de la charge que nous lui
» avons commise en cet endroit. Car tel est nostre plaisir.
» Donné à l'Isle-Bouchard le ve jour de l'an mil v^e soixante.
» Signé FRANÇOIS. Et au-dessous : BOURDIN. »

Le 12 mai, assemblée générale. — « Par nous Deodeau, maire de la vile, après avoir remonstré aux dessusdits comparants et autres, assemblés, que le roy nostre sire est fort irrité contre les habitants de la ville et forsbourgs dudit Amboise, de la malversation qui a esté faite en ladite ville par aucuns, d'avoir mis par terre la potence qui avoit esté mise on grant Carroy dudit Amboise, sur laquelle estoient assises quatre testes, l'une du baron Castelnau, l'autre du sieur Raunay, l'autre du sieur de Mazères, et l'autre de...... (*a*) pour servir d'exemples pour la rebellion par eulx faite contre

---

(*a*) Ce nom est illisible sur le registre ; ce doit être celui de Villemongis, qu'on sait avoir été décapité avec les trois autres.

l'autorité du roy; avons requis les dessusdits assemblés et autres présens qu'ils ayent à desclarer si cognoissent aucuns qui ayent fait ou assisté à voir faire la rompture et debrisement de ladite potence, pour ce fait le rapporter au roy affin qu'il cognoisse que la faulte ne procède d'aucuns des habitants de ladite ville.

» A esté délibéré par l'avis de tous les dessusdits : avons fait et faisons deffense à tous les taverniers et hostelliers de non recepvoir aucuns desdits habitans pendant que le divin se dira tant au dimanche que festes sous peines de vingt-cinq livres d'amende, et de prison; et de ne tenir aucuns passans en leurs maisons plus hault que vingt-quatre heures sans avertir justice. A semblable fin, suivant les injonctions ci-devant faites, il est enjoint à tous vaccabons et autres n'ayant maistre ni aveu, de eulx retirer de ladite ville et forsbourgs dedans vingt-quatre heures sur peine du fouet, et aux habitans de ladite ville et forsbourgs de non les retenir. Et affin que aucun n'en puisse prétendre cause d'ignorance, il est dit que ces présentes seront publiées et mises au pousteau. Et enjoinct à Jehan et Martin, sergens, de verbalement faire ladite publication.

» Aussi, par l'avis des dessusdits a esté advisé que dimanche prochain sera fait procession générale pour prier Dieu pour le roy et tout le sang royal, et avons enjoint ausdits habitans de ladite ville et forsbourgs y assister sur peine de vingt-cinq livres tournois d'amende, à se trouver en l'église collégiale et paroissiale Monsieur St-Florentin d'Amboise, à l'heure de sept heures du matin et y seront convoqués les cordeliers, les frères minimes, clercs et autres du dit Amboise et St-Denys du dit lieu. »

Le 19 de mai, assemblée générale en présence d'Abel Francboucher, sous-maire.... « Aussi a esté advisé qu'il sera payé par le receveur de la dite ville à Pierre Esnault, Gilles Pageot, François Debourges et Jehan Grossin, commis cidevant à garder de nuit la potence estant mise et assise au grant Carroy d'Amboise de par le roy, sur laquelle y a quatre testes descolées pour crime de leze-majesté pour leurs sallaires d'avoir gardé ladite potence par le temps de dix-sept nuits entieres. Ceci comprenant, au taux de deux sols six deniers tournoys pour chacun, qui est dix sols tournoys par nuit, qui est en somme toute, huit livres dix sols, laquelle somme de viij liv. x sols sera allouée aux comptes du dit receveur. »

Le 12 de juin il fut donné lecture aux habitants assemblés de deux lettres du roi et du duc de Guise. Les originaux de ces lettres existent aux archives d'Amboise. La première est ainsi adressée : A nos amez et feaulx conseillers et chers et bien amez les officiers, eschevins, manans et habitans de nostre ville d'Amboise.

« De par le roy. Nos amez et feaulx, et chers et bien
» amez, ce nous a esté grant plaisir de sçavoir par l'inqui-
» sition que nous avons fait faire, que la faulte et le scan-
» dale, ces jours passez, commis en vostre ville, de la po-
» tence qui y fut abbatue, n'ayt pas esté par ceulx de la
» dite ville, mais par quelques estrangers et qu'il ne s'y en
» soit au moins trouvé que ung ou deux particuliers mal
» conseillez, dont nous avons bien voulu vous advertir; et
» que, tout ainsi que nous sommes en deliberation, de bien
» chastier les meschans et vicieulx, aussi avons-nous en
» singuliere recommandation la conservation et soulage-
» ment des bons ; et que, continuant, comme nous vous
» prions faire, de vivre et vous maintenir en l'honneur et
» service de Dieu et l'obeissance que vous nous devez et à
» nostre justice, nous vous ferons toujours congnoistre

» combien nous vous aymons, et ne sauriez rien faire qui
» nous soit agréable, que d'avoir l'œil et tenir main, s'il
» survient quelque chose, en nouvelleté, en vostre dite
» ville, que la justice en soit incontinent faicte. Donné à
» Romorantin le dernier jour de may, mil cinq cent soixante.
» Signé FRANÇOIS. Et au-dessous : DE L'AUBESPINE. »

La lettre du duc de Guise s'adresse : à MM. les officiers, eschevins et habitans d'Amboise : « Messieurs nous avons
» sceu par l'inquisition qui a esté faicte de la potence abba-
» tue que la faulte n'est point venue de ceulx de vostre ville,
» au moins n'y en a-t-il qu'ung ou deux particulliers, dont
» je vous asseure que j'ai, de ma part esté très-aise pour le
» bien que je desire à vostre ville et le désir que j'ai que le
» roy en demoure en la bonne oppinion qu'il en a toujours
» eue en laquelle vous ne le sçauriez tant confirmer, que de
» continuer à faire de bien en mieux, et s'il s'offre quelque
» desordre mettre peine de l'avertir et faire aussitôt chastier
» selon l'importance dont il sera, estans certains que en ce
» faisant vous demourerez en sa bonne grace et me trouve-
» rez prest de vous faire tout le plaisir que je pourrai; priant
» Dieu, Messieurs, vous donner ce que desirez. De Romo-
» rentin, le dernier jour de may 1560. *Votre bon ami le*
» *duc de Guise.* » (Ces derniers mots sont de la main du duc.)

Après la lecture de ces lettres, il fut décidé que le dimanche suivant « il serait fait procession generale, de l'église de St-Florentin, pour de là aller en l'église Monsieur Saint-Denis d'Amboise pour prier Dieu pour le roy et tout le sang royal. (*a*) »

(*a*) Cette potence resta longtemps debout. On voit au compte du domaine d'Amboise un article de dépenses de 4 l. payées à quatre por-

Voici à quoi se bornent les traces de cette fameuse conjuration d'Amboise dans les registres des délibérations des notables habitants qui, dans leurs assemblées générales, réglaient tout ce qui concernait la police, la sûreté et la propreté de la ville. Aucune mesure n'est prise pour faire écouler et disparaître ce sang qui *ruissela* dans les rues, pour enlever les morts dont elles étaient *encombrées*, pour abattre les potences et les échafauds des places publiques qui n'étaient pas *assez spacieuses pour les contenir*, pour constater le décès et ensevelir les 1,500 personnes *expirées dans les supplices*. Il fut sans doute pénible aux Amboisiens de supporter pendant quelque temps la vue des restes de La Renaudie, et le triste spectacle de quatre têtes placées au haut d'une potence, ainsi que de les faire garder pendant dix-sept nuits par quatre habitants à 2 s. 6 d. pour chacun; mais il y a loin de là à voir toute leur enceinte décorée, comme d'horribles *festons*, avec des pendus *bottés et éperonnés*, attachés on ne sait trop comment *à des perches scellées dans les murailles*. Ce n'eût pas été vraisemblablement vers Tours que se fût dirigée la cour pour fuir ces cadavres que la Loire, *qui en était couverte*, lui eût rapportés. On dut punir de mort quelques soldats pris les armes à la main.... Quel en fut le nombre? Le récit des faits par ceux mêmes qui ont dû les dénaturer dans l'intérêt du parti vaincu, doit nous faire présumer qu'il y en eut peu, et que l'histoire de cette conjuration, avortée avant d'éclater, a été écrite jusqu'ici avec exagération ou mauvaise foi d'un côté, avec erreur de l'autre.

---

tefaix et au maître des hautes œuvres, pour avoir, par le commandement de la Reine mère, arraché une *potence carrée* étant au grand *carroir* d'Amboise, sur laquelle avaient été mises quatre têtes, etc.

Cela s'est renouvelé pour d'autres événements de même nature. Notre histoire, depuis la funeste invasion de la prétendue réforme, a souvent été faussée par des relations mensongères, dans l'intérêt du parti hostile au gouvernement royal et à la religion catholique; des écrivains étrangers à ce parti les ont copiées sans réflexion, et des faits ainsi dénaturés n'ont plus été contestés. Je suis loin de nier et surtout d'excuser quelques persécutions sanglantes dont les ennemis de *la religion de l'Etat* ont été l'objet; mais tandis que les disciples de Luther et de Calvin, français ou étrangers, les ont visiblement exagérées, ils ont *oublié*, fort affaibli et même voulu justifier les cruautés de leurs coreligionnaires, leurs pillages et leurs sacriléges, les conspirations continuelles contre l'autorité, leurs manœuvres séditieuses dans toutes nos provinces.

Nous l'avons déjà dit, la non-réussite de la conspiration qui vint échouer près d'Amboise plongea le parti calviniste dans le désespoir; mais rien ne confirme les horreurs qu'on rattache à cet événement. Malgré les efforts des rédacteurs des mémoires de Condé pour accréditer le zèle des chefs pour le service du roi et la prospérité de l'Etat, on y découvre facilement les projets et les espérances déçues des conciliabules de Genève. On y voit les tendances et les premiers effets de cet esprit qu'il faut bien appeler révolutionnaire, puisqu'il a produit tant de révolutions dans toute l'Europe, de ce génie d'opposition à toute autorité civile et religieuse qui, désappointé en France par l'abjuration de Henri IV, comprimé par le ministère de Richelieu et le règne de Louis XIV, a fini par se faire jour sous le funeste règne de Louis XV, pour tout bouleverser avant le commencement du XIXe siècle. Et cependant ces mémoires tout à fait contemporains ne parlent que du *tumulte d'Amboise*, et ne justifient pas l'exagération du nombre des morts et des supplices aussi bizarres que cruels dont ils auraient été victimes (3).

Amboise resta calme pendant que cet événement se passait dans ses murs et aux environs ; un ou deux habitants furent seuls compromis dans l'affaire de la potence ; mais, heureusement pour le pays, le calvinisme n'y avait pas fait fortune. En 1562, les bandes du prince de Condé, qui pillèrent Orléans, Blois et Tours, n'y entrèrent pas ; et dans toutes nos recherches sur l'histoire de cette ville, nous n'avons pas aperçu le moindre indice de penchant vers les nouvelles opinions du XVIe siècle.

NOTES.

(1) Le duc de Guise et le cardinal de Lorraine étaient petits-fils de René II, duc de Lorraine. Le duc François fut le père de Henri dit le Balafré et du cardinal de Guise, tués à Blois en 1588, ainsi que du duc de Mayenne. Quoi qu'en aient pu dire ses ennemis, ce fut un grand homme, plein de courage et d'habileté; ce fut lui qui acheva d'expulser les Anglais en leur reprenant Calais qu'ils gardaient depuis 210 ans, et qui défendit Metz contre Charles-Quint; le parlement le proclama *le conservateur de la patrie*. On cite de lui plusieurs traits d'humanité qui s'accordent mal avec ce qu'on raconte de la conjuration d'Amboise; il dit à un fanatique venu pour le tuer comme le *plus grand ennemi de la religion :* « Si ta religion te porte à m'assassiner, la mienne veut que je » te pardonne. » Souvent exposé à de pareils dangers, il finit par être tué d'un coup de pistolet par un gentilhomme huguenot, en 1563. Son frère le cardinal Charles de Lorraine fut très-zélé pour la religion catholique et se distingua au concile de Trente. Il possédait neuf archevêchés ou évêchés et autant de riches abbayes, au nombre desquelles était Marmoutier. Il mourut en 1574. Ces deux princes, frères de Marie de Lorraine, épouse de Jacques V, roi d'Ecosse, étaient par conséquent oncles de Marie Stuart, reine de France.

(2) Un fait particulier concernant le cardinal de Lorraine peut ajouter quelque degré de probabilité à ce que nous avons dit de la conjuration d'Amboise. Le cardinal, sur qui reposait pour ainsi dire le gouvernement, était venu à Amboise avec François II et Marie, le 29 novembre 1559. Pensant que la cour y reviendrait souvent, il songea à se procurer dans le voisinage une retraite paisible d'où il pût conduire les affaires, en évitant le tumulte inséparable d'une si grande réunion dans l'enceinte étroite du château. Il acheta, le 6 décembre, le domaine de Château-Gaillard, où jadis Charles VIII avait établi des jardins, sous la direction de Passiolo, habile jardinier qu'il avait amené de Naples. On refit une façade plus digne du nouvel acquéreur; et le chiffre royal, l'F et le Dauphin couronnés, se retrouvent encore sur une antique cheminée et aux pignons de cette propriété, agréablement située au centre d'un vallon circulaire arrosé par l'Amasse, aux portes d'Amboise. Lorsque

le cardinal revint, à l'époque de la conjuration, et notamment pendant les jours où les massacres tels qu'on nous les raconte n'eussent pas laissé le loisir à toutes les parties intéressées de s'occuper de pareilles affaires, 23 pièces de terre furent achetées qui triplèrent le domaine primitif; les contrats furent passés devant Florentin Cormier, notaire à Amboise, les 1-7-15-18 mars et 5 avril 1560. Le premier achat coûtait 1,800 l., les annexes 2,809 l. 10 s., et les droits de vente s'élevèrent à 384 l. 3 s. 4 d. Total, 4993 l. 13 s. 4 d. qui représenteraient 18,107 fr. d'aujourd'hui. La mort prématurée de François II dérangea les projets du cardinal de Lorraine; Château-Gaillard ne fut pas achevé, et il fut revendu, en 1566, à M. de Villequier, pour 1,000 écus d'or au soleil qui vaudraient, au prix actuel de l'or, environ 11,400 fr. Ce domaine, comme tous ceux qui environnaient Amboise, avait sans doute perdu de son prix depuis l'abandon du château par nos rois.

(3) Le voyage d'Amboise avait été décidé et annoncé dès le 25 janvier, ce qui prouve qu'on ne s'y était pas transporté *sous le prétexte d'une partie de chasse*, et parce qu'on s'y croyait plus en sûreté qu'à Blois, ainsi que les historiens le disent. La cour était arrivée à Amboise à la fin de février, elle y resta un mois après la prise de Castelnau et la mort de la Renaudie, et ne quitta le château qu'après Pâques, tombant cette année au 14 avril. Le roi fut visiter l'abbaye de Marmoutier, dont le cardinal son oncle était abbé; il se fit installer chanoine de St-Martin, comme c'était la coutume des rois de France à leur passage à Tours. On fut de là, sans doute, visiter Chinon et Champigny dont la magnifique chapelle venait d'être achevée par le duc de Montpensier, nommé cette année gouverneur de la Touraine. Enfin on arriva à Chenonceaux, qui appartenait à la reine mère; ce fut une promenade dans notre belle province. Catherine de Médicis, à la mort de Henri II, avait forcé Diane de Poitiers de lui céder Chenonceaux en échange de Chaumont qu'elle avait acheté, en 1550, de Charles de la Rochefoucault et de sa femme Henriette d'Amboise, dernière héritière des seigneurs de Chaumont, de la maison d'Amboise. C'est à tort que Bernier, dans son histoire de Blois, p. 97, dit que Catherine, souhaitant ardemment Chaumont, donna en échange Chenonceaux; c'est précisément le contraire.

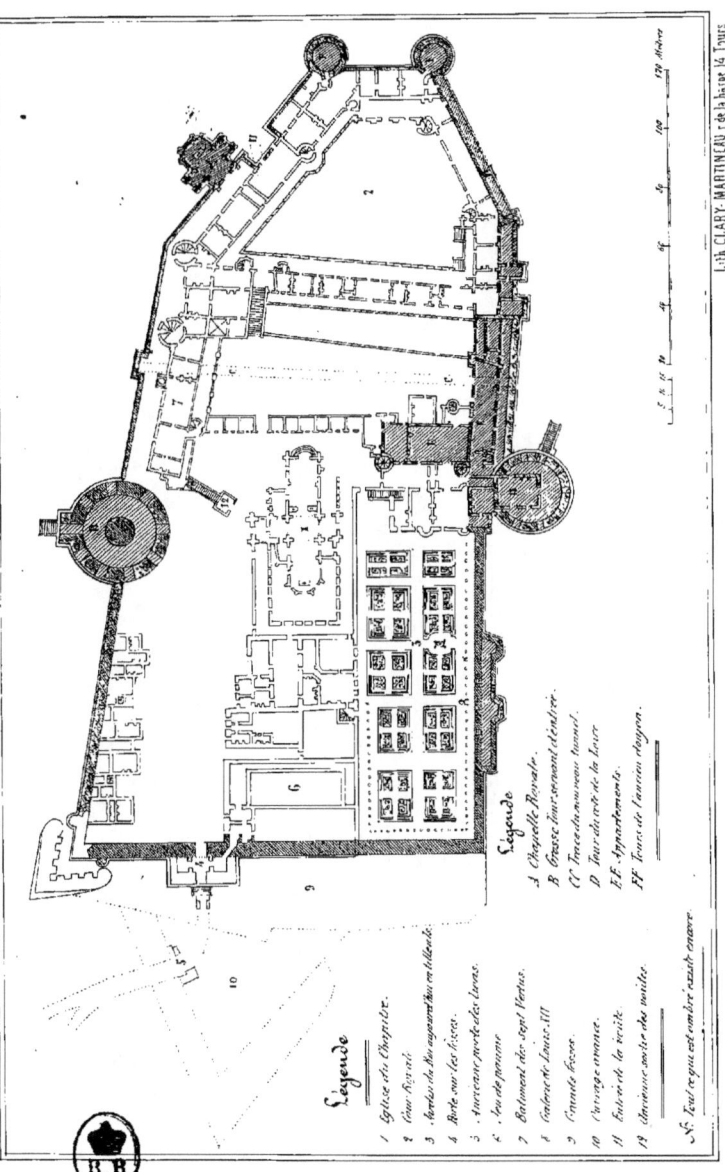

PLAN DU CHÂTEAU D'AMBOISE
d'après Androuet du Cerceau en 1579.

Légende

1 Église des Chapitres.
2 Cour Royale.
3 Portes de dos appartements actuels.
4 Porte sur les Fossés.
5 Ancienne porte des Lions.
6 Jeu de paume.
7 Bâtiment des sept Vertus.
8 Galerie de Louis XII.
9 Grands Fossés.
10 Parvage ancien.
11 Entrée de la brèche.
12 Ancienne motte des moulins.

A Chapelle Royale.
B Grosse tour servant d'entrée.
C Tour du nouveau tunnel.
D Tour dite de la Tour.
E.F. Appartements.
H.F. Tour de l'ancien donjon.

N. Tout ce qui est ombré reste ouvert.

www.ingramcontent.com/pod-product-compliance
Lightning Source LLC
LaVergne TN
LVHW050650090426
835512LV00007B/1129